改变，从心开始

立 品 图 书 · 自觉 · 觉他
www.tobebooks.net
出 品

神明之德

华夏诸神故事

毛传文／著

中国友谊出版公司

图书在版编目（C I P）数据

神明之德 / 毛传文著 . -- 北京 : 中国友谊出版公司 ,
2016. 1
ISBN 978-7-5057-3658-0

Ⅰ . ①神… Ⅱ . ①毛… Ⅲ . ①神话一研究一中国
Ⅳ . ① B932. 2

中国版本图书馆 CIP 数据核字 (2015) 第 297529 号

书名 神明之德
作者 毛传文
出版 中国友谊出版公司
发行 中国友谊出版公司
经销 新华书店
印刷 三河市华晨印务有限公司
规格 880×1230 毫米 32 开
9. 75 印张 180 千字 彩插 0. 5 印张
版次 2016 年 3 月第 1 版
印次 2016 年 3 月第 1 次印刷
书号 ISBN 978-7-5057-3658-0
定价 68. 00 元
地址 北京市朝阳区西坝河南里 17 号楼
邮编 100028
电话 （010）64668676

卷首语　华夏人的心愿

泱泱大国，巍巍华夏，朔自盘古，混沌初开，历三皇、经五帝，斗转星移，囊世括纪，乾坤始奠。

从凤麟现瑞，德威四极，龙龟出水，图书衍易。其文其明，由古始矣。

有伏羲画卦，女娲补天，神农尝草，轩辕息争。其圣其贤，历劫不替。

又仓颉造字，挠作甲子，伶伦制律，周公礼乐。其智其慧，后者莫及。

然孔丘生而知人伦丧，老聃至而明道德危。

诸圣先贤，哀悯于此，为显惟微惟危之别，遗经留教，不分夷狄羌蛮，皆令导归。

经数千载，盛衰更迭，辗转跌宕，其人心淳朴者鲜矣。此何以返道乎？

故此有大慈悲者，聚有识之士，齐心协力，辟净土一方，弘圣贤之教，以求育化亿兆，造福生民。

虽僻陋一隅，简茶淡味，琴棋书画、三家经典，老少妇孺、农工仕商，无不受益。

具慧眼者：置此之世，难遇之机，何不与吾辈同起，聚清流以汇大海，累坚石以成山岳。至和谐，呈祥瑞，华夏复兴矣。

序　神明——天地之精神代表

中国传统文化源远流长、博大精深。就范围而言：时间上悠悠五千年，空间上纵横八万里。就内容而言：是站在人的立场去探究人与天的关系、人与人的关系、人自身的关系的一套实践方法与理论体式。

在这样一个多维立体的时空内，中国传统文化异彩纷呈、变化万千。论其宗要，皆不出“究天人之际”一句。也就是说，中国文化是天的文化。“天”即为宇宙世界这个大环境，这个“天”产生了对“万物”、对“人类”的一切影响：

天上有五星，地上为五行，人身应五藏；天上有九宫，地上为九州，人身应九窍；天上有日月，地上为水火，人身应心肾……此为天地人三才的顺生关系。

总而言之：天人同构。因为结构相同，才有可能“天人相应”。因为相应，才可以“天人合一”。这是中国古人的宇宙观。

人类若要回归本源，需要先学习大地的厚德载物、含纳归藏的能力，再去学习上天的自强不息、昌覆万物的精神。此为人地天返还的次第。

所以古人说：木之本在根、属地；人之本在头、归天。天的文化才是人类的共同根文化。

而天的精神代表就是神明。从宇宙混沌开始，到天地演化，乃至万物创生，神明——这种天地的精神代表，就始终伴随人类左右：看着我们出生，伴随我们成长，赐予我们食物，教会我们生活，引导我们彼此相爱，鼓励我们战胜困厄，帮助我们重建家园。祂们创造了人类的生命形态，确定了人类的生存方法，建立了人类的生活模式。

如同子女孝顺父母般，人类对神明要建立敬畏。在家中不孝的孩子，到社会上必然乖张无法。人类对神明丧失了敬畏，做事自然就无法无天。因此社会秩序紊乱、怪相丛生，人类自然危于旦夕之间。

因此，建立人类的神明感，尤其是对未成年人，则理为至关重要了。

不仅如此，对神明要敬畏，更进一步的，是要向祂们学习。学习祂们终始一如的道德操守；学习祂们道法自然的修养境界；学习祂们无我利他的奉献精神；学习祂们同舟共济的全体发愿。若能如此，那么天下大同、天人合一的昌明盛世即在今天。

《神明之德——华夏诸神故事》一书，恰是秉承了这一宗旨应缘而生。

作为“华夏学宫”系列丛书之一，希望能够有更多的人从中受益，回溯人类初始的曙光，共建理想的家园。

目 录

第一章

盘古开天

世界万物的起源

引语：

提到盘古，无人不知，无人不晓。盘古是华夏大地的创造之神，是炎黄的先祖，他奉献了自己的毕生力量，为世界带来了光明、生命与无限的希望。《盘古开天》就是在通过盘古的一生讲述这个宇宙世界的起源，并且为我们揭示了这样一个深刻的道理：生命的变化与世界的创生是无二无别的，它们都遵循着相同的规律，延续着各自的轨迹，周而复始，生生不息。

现在，从经典中，我们依然能翻阅到这一雄浑壮阔的篇章：

经典记载：

天地混沌如鸡子，盘古生其中，万八千岁；天地开辟，阳清为天，阴浊为地；盘古在其中，一日九变，神于天，圣于地，天日高一丈，地日厚一丈，盘古日长一丈，如此万八千岁，天数极高，地数极深，盘古极长。后乃有三皇。[1]

---

① 《艺文类聚》卷一引《三五历纪》

元气蒙鸿，萌芽兹始，遂分天地，肇立乾坤。启阴感阳，分布元气，乃孕中和，是为人也。首生盘古，垂死化身，气成风云，声为雷霆，左眼为日，右眼为月，四肢五体为四极五岳，血液为江河，筋脉为地里，肌肉为田土，发髭为星辰，皮毛为草木，齿骨为金石，精髓为珠玉，汗流为雨泽，身之诸虫，因风所感，化为黎氓。①

白话解：

在很久很久以前，天地还没有分开，世界并未形成，到处都是黑暗无光，就像是鸡蛋壳里的蛋清、蛋黄混沌不清的样子。盘古就生在这片混沌之中。终于，一万八千年后，盘古一手握巨斧，将混沌劈开，轻而清的气体上升成为了天，重而浊的气体下沉为了地；他一手持凿子，将两者的连接处凿开，于是，阴、阳由此而分。②盘古屹立在天地中央，一日有无数次的变化，在天上地下都具足圣贤的威仪与盛德。开辟之后，天每日升高一丈，地每日增厚一丈，盘古也每日长一丈。这样又经过一万八千年，天终于不能再高，地也终于不能再厚了，盘古的变化也达到了极致。他缓缓地睁开了双眼，满怀深情地望着自己亲手开辟的天地。

---

① 《绎史》卷一引《五运历年记》

② 《开辟衍绎》："天地合闭……合闭已久，若不得开，却得一个盘古氏，左手执凿，右手执斧，犹如剖瓜相似，辟为两半。"

啊！太好了，自己竟然创造出这样一个崭新的世界！从此，天地间的万物再也不会生活在黑暗中了！盘古累得一点力气也没有了，他长长地吐出一口气，慢慢躺在地上，闭上双眼，与世长辞。自盘古后，继而出现了天、地、人三皇，开启了华夏文明源远流长的篇章。

天地开辟，在阴阳二气的鼓荡作用下产生了万物，人类因为禀赋了乾坤[①]的中和元气，成为万物之灵长。[②]伟大的英雄死了，但他的精神并没有消失，盘古的身体幻化成另一种方式存在着：他死前呼出的气体变成了风和云；声音变成了天空的雷霆；盘古的左眼变成了明媚的太阳，照耀大地；右眼变成皎洁的月亮，遍洒清凉；头发、胡须变成一颗颗星辰，点缀美丽的夜空；血液变成江河湖海，奔腾不息；肌肉变成千里沃野，生长万物；骨骼变成树木花草，供人们欣赏；筋脉变成了大地的纹理；牙齿变成石头和金属，供人们使用；精髓变成明亮的珍珠，供人们收藏；汗水变成雨露，滋润禾苗；盘古倒下时，他的四肢化作了东南西北四极，他的两手、两脚和头分别化作了东岳、西岳、南岳、北岳、中岳。而在他身上的诸种虫类，受到了风的作用，变成了人类。

---

① 《周易·说卦传》："乾，天也，故称父；坤，地也，故称母。"乾坤为八卦中的父母卦。乾坤即天地父母，乾为天为父为阳，坤为地为母为阴。

② 《素问·宝命全形论》："天覆地载，万物悉备，莫贵于人。人以天地之气生，四时之法成……夫人生于地，悬命于天，天地合气，命之曰人。"

一、混沌初开

《盘古开天》这个故事，从世界创生、万物演化开始讲起，仿佛为我们舒展开一幅波澜壮阔的奇妙画卷。它用绘声绘色的语言向我们提示，其实，大至宇宙化生，小至草木萌芽，这种生命发展的规律是无二无别的，万事万物的起源亦与之相同。我们每个人是这变化大道中的一分子，都在参与着天地①的造化、阴阳②的和合。

经典中提到，宇宙之初一片混沌③，其中却包含着阴和阳两种能量。它们交织在一起，开始并没有阴阳之分，仅仅表现为一股混合的能量。所以，"混沌"是万事万物最初始的状态，一团和

---

①《说文解字》："元气初分，轻清阳为天，重浊阴为地。""天，至高无上。""地，万物所陈列也。"天地为中国文化中最基本最重要的一对概念，是人类赖以生存的一切的来源，故而中国人自古尊天敬地，将有盛德者成为贯穿天地人三才之道的"王"（上下两横为天地，中间一横为人，一竖表示贯通）。

②《道德经》："万物负阴而抱阳，冲气以为和。"《周易·系辞》："一阴一阳之谓道。"《黄帝内经·素问·阴阳应象大论篇第五》："阴阳者，天地之道也，万物之纲纪，变化之父母，生杀之本始，神明之府也。"阴阳是中国道统文化中用于描述宇宙万物的最基本概念，是两种相对的象类。阴阳的主要特点有三：阴阳是相对的，阴阳是变化的，阴阳是互根互化的。

③《云笈七签》卷二："混沌者，厥中惟虚，厥外惟无，浩浩荡荡，不可名也……<太始经>云：昔二仪未分之时，号曰洪源。溟涬蒙鸿，如鸡子状，名曰混沌玄黄。无光无象，无音无声，无宗无祖，幽幽冥冥。"

气是在每个生命伊始的样子。《周易》："易有太极，是生两仪。"周敦颐《太极图说》："无极而太极。""无极"即是虚无缥缈的混沌；"太极"便是指天地未分将分，元气充和；此后便出现了"两仪"——阴阳明显的化分，就像是被鸡蛋壳里的那层薄膜包裹着的蛋清与蛋黄：蛋黄浑浊如阴，蛋清清亮如阳，两者既是相互依存的，又是相对独立的。宇宙既是如此，就人的生命而言，当精子与卵子结合，产生受精卵的那一瞬间，是生命最原始的胚胎结构，就相当于"混沌"——无极的状态，阴阳不辨，冥冥未判。不仅生命的初始阶段是这样的，人的行为亦是如此。一个不经意间的起心动念，就会为未来的行为埋下伏笔。动第一个念头时往往是千头万绪，不知从何处着手，更不清楚事情的发展趋势。但是，它对于事情的结果却产生了至关重要的作用。可见，生命的变化、事物的发展与世界的起源，它们的变化规律何其一致啊！一棵繁茂的大树源于小种子，百千条支流的江河终究将汇入同片大海。拨开纷扰的万象，由繁入简，返本归元，才是每个人生命的真正方向。

在这个神话故事中，盘古用的是斧头将天地劈开。"斧"字从"父"从"斤"，"父"是决定此字的发声，要读懂其意还需看下面的这个"斤"字。《说文解字》中说："斤者，斫木也。"在古代用以砍伐树木，凡是带有利刃的器具都叫做"斤"，又引申为辨析、明察的意思。而斤斧最初的含义，是指能把黑、白二色区分开的工具，黑白即是阴阳的代表，辨析黑白就是要明辨阴阳。因此斤斧在这里是比喻我们每个人辨析万物阴阳的能力。

所以，在这里，斧头是法度分明的象征，由此而提示我们：我们不能片面地把“盘古”看成是一个神话人物，祂并不仅仅活在久远的过去，而是此时此刻，祂的基因真真实实地存在于每个人的生命之中。每个人就是使自己生命产生分化、转变、成长，最终决定他自己去向的“盘古”。其实，我们都拥有创造生命、改变世界的伟大能力，人生是黯淡抑或是光明也全在于自己的选择，那么为什么不去做自己生命的主人而趋向光明呢？

二、首生盘古

“盘古”二字，内里尽藏玄机。详细解析这篇神话故事，当从“盘古”说起。

盘[①]，它的繁体字为“盤”。这是篆书的，（般＋皿），上部从“舟”，从“殳”（音同舒），即是器物上的铭文；下部为“皿”，器皿也，是一种传统的容器，有能够收藏的意思。在甲骨文中，“皿”（）[②]字很像一个葫芦。在古代神话里，葫芦是常见的法

① 《正字通》：“盘，盛物器。或木，或锡铜为之。”《说文》：“籀文。从皿。”
② 《说文》：“皿，饭食之器也。”

器，它本身就有了丰富的含义。比如是我们最为熟知的道家神明——太上老君[①]，他便是天天捧着一个宝葫芦，里面装有仙丹，服用之后能使人长生不老，出神入化。而仙丹装在葫芦里便说明了葫芦一器，具有能藏、能生之妙用。对于人的生命而言，女子子宫是孕育生命胚胎的摇篮，它的形状就像葫芦一样，并同样有含藏、生养的作用。只要我们能找到属于自己的“宝葫芦”，以智慧之力打开它的盖子，便是开启了生命中无限可塑含藏生发的力量。

“盘”者，“旋”也，旋转、回旋之意。[②]DNA 这个生命的罗盘如同人的生命，一圈一圈周而复始地运作，生生不息。“盘”即是孕育宇宙的胎盘，更是世界规律循环往复、生命延续万千的重要轨迹。《逸周书·武顺》：“天道尚左，日月西移；地道尚右，水道东流；人道尚中，耳目役心。”是生天生地的变化法则，而人在此中，左右权衡，非上即下，是让生命得到转化、升华，还是往下堕落，全在一心的把握。

“古”字从“十”从“口”，它并不是专指“古代”的意思。上半部的“十”字，一横代表时间为世，一竖代表空间为界，横

---

① 太上老君：道教教祖，即太清道德天尊，道家文化始祖老子，名李耳，为太上老君八十一化之一，过函谷关而留下五千言《道德经》为道教主要经典，与《易经》、《黄帝内经》合为中国文化源头的三部经典。

② 《康熙字典》：“盘又与蟠通。《集韵》：曲也。”有屈曲，回绕之意。

竖相交，即是时间与空间相交的世界节点。“口”字，为口耳相传，相述故去之古事。“盘古”二字，寓意着生命是时空交汇下的产物，有可能在任何时空的节点出现。每个生命在宇宙历史中不过是沧海一粟，虽然看似渺小，但是它却是宇宙中以“盘古”为首的能藏能生之力的根源！

在中国文化里，道家把宇宙未生前的状态称为“混沌一气”、“无极”。随后，由“一气化三清[①]”，这片“混沌”分化为三股能量。若将其神格化，“三清”便是道家中对三位最高神明的合称，他们分别是：元始天尊、灵宝天尊、道德天尊[②]。“天尊”则是极道之尊，与天地同生同化的意思。在元代一本记述神仙传记的道书《历世真仙体道通鉴》[③]中，有一段对“元始天尊”的描述：“元者，本也。始者，初也，先天之气也。此气化为开辟世界之人，即为

---

① 也作“一炁化三清”。亦称“一气化三清”。《道教义枢》引《太真科》记载“一气化三清”：“三天最上，号曰大罗，是道境极地。妙气本一，唯此大罗生玄元始三炁，化为三清天也。一曰清微天玉清境，始气所成。二曰禹馀天上清境，元气所成。三曰大赤天太清境，玄气所成。”

② 三位天尊又名玉清境清微天元始天尊、上清境禹馀天灵宝天尊和太清境大赤天道德天尊，分别居于“一气化三清”中三清境。元始天尊为主宰天界之祖，灵宝天尊以灵宝之法，随世度人，道德天尊是大道在世间传播的始祖。是中国文化，尤其是道家文化中重要的三位大神。

③《历世真仙体道通鉴》的编纂者为赵道一，他以儒家有《资治通鉴》，佛教有《释氏通鉴》，乃作是书，以补道教之阙。据此书体例，所集仙真事迹，“乃搜之群书，考之经史，订之仙传而成。间或芟繁摭要，不敢私自加入一言。”本书较为系统地保存了道教人物的史传资料，被收于《道藏》。

盘古；化为主持天界之祖；即为元始。”所以，在道家文化里，认为“盘古”便是“元始天尊”的化身，他是这个世界上万事万物的创立者。

而佛家经典《摩登伽经》云：“自在天者，造于世界。头以为天，足成为地，目为日月，腹为虚空，发为草木，流泪成河，众骨为山，大小便利，尽成于海。”这与中国神话里的“盘古”形象有异曲同工之妙。其中的“自在”即是指佛教所讲诸天中“大自在天主”，又叫做“摩酰首罗”（梵语），位于色界的顶层“色究竟天”。佛家认为，他就是创造我们所生活的这个世界的主人。同时，他也是印度教所信奉的最高神祇①。

西方基督教则认为，上帝用七天开创了整个世界②：“起初，神创造天地。地是空虚混沌，渊面黑暗；神的灵运行在水面上。神说：‘要有光’，就有了光。神看光是好的，就把光暗分开了。神称光为昼，称暗为夜。有晚上，有早晨，这是头一日。”如此六天，上帝创造了万物，也按照自己的形象创造了人。“到第七日，神造物的工已经完毕，就在第七日歇了他一切的工，安息了。”

---

① 大自在天在印度教中又名湿婆，是印度教中毁灭与创生之神，也是佛教的一位守护神。住在第四禅天最高层色究竟天。

② 《圣经·创世记》

翻阅经典[①]，我们可以发现，虽然在每个宗教之中，记述这位创造之神的名字各有不同，但是，为我们描述世界化生的历程却存在很多的相似之处，这不过是殊于文字，别于乡俗罢了。在中国人心里，他就是巨人“盘古”。与其说“他”是一个人，不如将他认为是宇宙世界混沌状态下的一股不断创生的能力，“盘古”只是其神化的表现。我们不能拘泥于某个代号的名字，更要明白，五教[②]各有义理，大道并无二心，殊途同归，万流归宗。古今圣贤的心愿，无非都是希望透过神话隐秘的一面，指引更多人寻找到生命的真相。

三、一日九变

这里的“一日”是十分广泛的时间单位，并不是一个确切的数字。在不同维度的空间里，对时间的认知和现在有着巨大差别。在许多的书中，都可以看到有“天上方一日，地上已千年”的说

---

① 《大学之道》：所谓经典者，经天纬地是也。在中国文化中凡是能被称之为经典的，都是在跨越历史失控后经受住了考验的典籍，学习并实践经典所言，是让我们站在历史巨人的肩膀上，以更高的视角，换一种思维方式去看待人生、看待社会、看待历史，从中感受一份豁然与通达、睿智与圆融。

② 五教是指佛教、道教、儒教、基督教和伊斯兰教，亦作“儒释道回耶”。泛指当今的正统宗教。

法。[1]何况是在世界创生之初，与现在的时间概念更是不能同日而语了。因此，我们既可以将它理解为一个月、一年；也可以往下细分，如一个时辰[2]、一刻[3]。如果再往下细分，还有一弹指、一瞬间、一刹那、一念[4]（即是最小时间单位）。所以，“一日”可谓

---

① 《大正新修大藏经第 49 册 No.2036 佛祖历代通载》：“三十三天……人间百岁为一昼夜……焰摩天者……人二百岁为一昼夜……兜率陀天者……人间四百年，彼天一昼夜……化乐天者……人间八百年，彼天一昼夜……他化自在天者……人间千六百年，彼天一昼夜。”《大方广佛华严经·寿量品第三十一》：“此娑婆世界释迦牟尼佛刹一劫，于极乐世界阿弥陀佛刹为一日一夜。”可知所处的维度不同，相应的时空也全不可同日而语了。

② 中国人将每天二十四小时分为十二时辰，对应十二地支，23：00~01：00 为子时（又名夜半、子夜），01：00~03：00 为丑时（又名鸡鸣），03：00~05：00 为寅时（又名平旦、黎明），05：00~07：00 为卯时（又名日出、破晓），07：00~09：00 为辰时（又名食时），09：00~11：00 为巳时（又名隅中），11：00~13：00 为午时（又名日中、中午），13：00~15：00 为未时（又名日昳），15：00~17：00 为申时（又名日晡），17：00~19：00 为酉时（又名日入、日落、傍晚），19：00~21：00 为戌时（又名黄昏、日暮），21：00~23：00 为亥时（又名人定）。中国自古为农业大国，遵天行事，故作息安排与时辰有着密切的联系。

③ 《明史·卷二十五·志第一》：“命日为九十六刻，使每时得八刻无奇零。”一个时辰为两小时，故一刻为十五分钟。

④ 《摩诃僧祇律·卷第十七》：“二十念名一瞬顷，二十瞬名一弹指，二十弹指名一罗豫，二十罗豫名一须臾。日极长时有十八须臾，夜极短时有十二须臾，夜极长时有十八须臾，日极短时有十二须臾。”唐玄奘法师《大唐西域记》：“时极短者，谓刹那也。百二十刹那为一呾刹那，六十呾刹那为一腊缚，三十腊缚为一牟呼栗多，五牟呼栗多为一时，六时合成一日一夜（昼三夜三）。”可算得，1 弹指 =36/5 秒，1 瞬间 =9/25 秒，1 念 =9/500 秒，1 刹那 =1/75 秒。此类记载细节不尽相同，但均是在讲“时之极少”者，在此不详考其数。《仁王般若波罗蜜经》：“九十刹那为一念，一念中一刹那经九百生灭。”《俱舍论》十二称：“一弹指顷有六十五刹那。”不尽然相同，说法纷纭，但总归是在讲时之极少者。

是囊括了所有的时间单位。如同佛经中常说的“一时”。可以看出，相比“混沌”的状态，世界在这时已经有了时间的划分规律，宇宙大道产生了第一次的衰变，一切都在有序地进行。我们不能轻视这简单的两个字，因为这历史性的“一日”是宇宙文明开始发展的重要标志。

在《易经》[①]中，“九”被认为是最大的阳数，代表事物中阳的能量发展到了最旺盛的地步。盘古的“一日九变”，此处的“九”并非是具体的数字，也不是只有九种变化的意思，而是代表了盘古已经穷尽了天地间万物所有的变化，达到了极点。

也许我们都会有一个疑问，既然此世界是由盘古开创的，那么盘古又是从何而来的呢？“首生盘古”一句便解答了这个疑惑。“首”包含了两层含义：其一，便是上文所说的，盘

---

① 《易经》本有三个版本：《连山易》、《归藏易》和《周易》。早期的炎帝神农氏《连山易》和黄帝轩辕氏《归藏易》两者已失传，只留下周文王所作《周易》。春秋时期儒家至圣先师孔子作“十翼”为《易》作注解，“十翼”又名《易传》，有《彖上传》、《彖下传》、《象上传》、《象下传》、《系辞上传》、《系辞下传》、《文言传》、《序卦传》、《说卦传》、《杂卦传》共计十篇。《易经》是中国文化源头三部经典（《易经》《道德经》《黄帝内经》）之一，被尊为儒家“诗、书、礼、易、乐（已失传）、春秋”六经之一。

古是创世的第一人。其二，从字形来看，“首”、“道[①]” 十分的相似[②]：首者，道之所行也，为先，为前之意。寓意的是盘古为“道”首生之子，万物与他一样，都是从“道”中化现而出的[③]。盘古开天，阴阳始奠。清明而轻盈的阳能不断上升，变成了高远的天际，沉重而浑浊的阴能不断下降，积淀成了袤实的大地。[④]盘古在中央，头顶着天，脚踩着地，用自己的身体使阴、阳二极分离开来。这样延续了一万八千年，盘古的身体长了一万八千丈，天地之间的距离也变得遥不可及了。终于，等天升到极高，地达至极深，盘古也长到极长，用尽了所有的力气。此处的“垂死化

---

① 《道德经》：“道可道，非常道。”《玄纲论》：“道者何也？虚无之系，造化之根，神明之本，天地之源，其大无外，其微无内，浩旷无端，杳冥无对……混漠无形，寂寥无声，万象以之生，五音以之成。生者有极，成者必亏，生生成成，今古不移，此之谓道也。”中国文化是道统的文化，《中庸》云“道也者，不可须臾离也，可以非道也”，道无所不在，却看不见摸不到，只能从万事万物变化作用中窥见一斑，故曰“吾不知其名，强名曰道”。人欲把握大道之枢机，须有高明的智慧作为指引。

② 中国文字自上古太昊伏羲氏一画开天到黄帝轩辕氏时仓颉造字，经六书（象形、指事、会意、形声、转注和假借）造字，又经历千百年演化，方成今日模样。故中国文字，尤其早期出现的文字，多有同音同意，同形同源的特点。

③ 《道德经》：“道生一，一生二，二生三，三生万物。”《周易 · 系辞上》：“易有太极，是生两仪，两仪生四象，四象生八卦。”中国文化是“生”出来的文化，一切都是从道体当中衍生出来的，故而中国文化是返道的文化，返回万事万物的本源，站在事物的源头看待问题，正所谓“专气致柔，能婴儿乎”，这是中国文化赋予我们的生命智慧。

④ 《黄帝内经 · 素问 · 阴阳应象大论篇第五》：“积阳为天，积阴为地……故阳清为天，阴浊为地。”

生”指的是他生命创生的能力到达尽头，却不是指他的生命结束了；相反，他的生命以另外的形式延续着，他的精魂依然在参与着天地的造设，与人类共生，与世界永存。

四、垂死化身

“气成风云”，盘古的呼吸化成了卷舒的风云。古人常感叹道，“一息不来，即成秽臭”。人的生命看似坚强，却是要靠柔弱的气息来维持的。在人体中，肺是专主呼吸的脏器。气者风也，风为阳气下降的至低处，是天地阴阳相交所生的表现之一①。《庄子·齐物论》里面说道“大块噫气，其名曰风”，可见，风就是天地间的“呼吸”。上古太昊伏羲氏仰观天文，俯察地理，取鸟兽人身之象，把自然万象总结为八种符号，即是“八卦②”。它在后天八卦中为巽卦，位属东南。云与风相对，它是阴气上升的至高处，降而为雨，润物无声。风和云，一阴一阳，正好对应人一

---

① 《河图帝通纪》：“风者，天地之使。”《春秋元命苞》：“阴阳怒而为风。”《皇极经世》：“阳得阴而为雨，阴得阳而为风，刚得柔而为云，柔得刚而为雷。”

② 《周易·系辞下》：“古者包牺氏之王天下也，仰则观象于天，俯则观法于地，观鸟兽之文与地之宜，近取诸身，远取诸物，于是始作八卦，以通神明之德，以类万物之情。”包（音同伏）牺氏即太昊伏羲氏，仰观俯察而作先天八卦：乾、兑、离、震、巽、坎、艮、坤，象征着事物的八类象，其具象分别对应天、泽、火、雷、风、水、山、地。

呼一吸的关系，人就是在呼吸吐纳的阴阳转换中得到生命的延续。

声为雷霆”，盘古的声音变成了雷鸣怒吼。《周易·系辞》开篇便讲到，“鼓之以雷霆，润之以风雨”，“雷霆”是阴阳二气在鼓荡相摩时所产生的声音[①]。雷霆，对应后天八卦中的震卦，位于正东方，对应二十四节气[②]中的惊蛰。在这一天，春雷感阳气震动，惊醒了在地下冬眠蛰伏的动物，古代称为“蛰虫咸出”[③]。对应人体，为冬天收藏之精，感阳气升至卯位，便可以出来创生万物了。而天雷滚滚，也宣告着一年春耕时节的到来。

“左眼为日，右眼为月”，盘古的左眼变成了太阳，右眼变成了月亮。在中国传统文化里，“左”和“日”皆为阳，“右”与“月”皆属阴。日在八卦中为离卦，离者丽也[④]，为火，是光明恒常的意思。月在八卦中为坎卦，代表水。日月是阴阳最大的表象[⑤]，它们

---

① 《说文解字》：“雷，本作‘靁’，阴阳薄荡动雷雨，生物者也。”“霆，雷余声也铃铃。所以挺出万物。”

② 二十四节气是中国古代订立的用来指导农事的历法，分为十二节气和十二中气，分别为立春、雨水、惊蛰、春分、清明、谷雨、立夏、小满、芒种、夏至、小暑、大暑、立秋、处暑、白露、秋分、寒露、霜降、立冬、小雪、大雪、冬至、小寒、大寒。每月一个节气，一个中气，如，立春是节气，雨水是中气，节气和中气依次交替排列。

③ 《月令七十二候集解》：“惊蛰，二月节……万物出乎震，震为雷，故曰惊蛰，是蛰虫惊而出走矣。”

④ 《周易·离卦第三十》：“离，丽也；日月丽乎天，百谷草木丽乎土，重明以丽乎正，乃化成天下。”。

⑤ 《周易·系辞上》：“悬象著明莫大乎日月。”

东升西落，交替运行，区分开了昼夜。在人体双眼藏心神，故心中有神明，外化为日月，引领人类走向光明。

当世界出现了日月、四季和昼夜，人类便开始参照自然的变化来规划他们的生活，日出而作，日入而息，在随顺宇宙大规律的过程中，让生命复归于自然。这即是道法自然。

“发髭为星辰”，盘古的头发变成了星辰。发长在头上，为体内阳气之末梢所化，肾气足而髪长齿更[①]。头者，颠也，天也[②]，在八卦里对应乾卦，其具象为天。日为阳之精气所凝结而成，那么阳气之余就化为了天上的点点繁星，在夜空中闪烁着光芒。

五、地理精髓

“四肢五体为四极五岳”，盘古的四肢五体都变成了地上的四个方位，和五座高耸的山峰。四肢是人体延长到外面最大化的部分，四极即是四方之极：东、南、西、北；对应四季为春、夏、秋、冬，故四肢又代表日月，在伦常代表仁义礼智四端。对人体来讲，上为阳，下为阴；左为阳，右为阴[③]。四极不仅表示空间上的四方，

---

① 《黄帝内经・素问・上古天真论》：“肾气盛，齿更发长。”

② 《说文解字》：“天，颠也。至高无上。”

③ 《黄帝内经・素问・方盛衰论篇第八十》：“阳从左，阴从右。”这里讲的是气机的运行。

也是时间上的四极，即是冬至、春分、夏至、秋分，这是一年中最关键的四个时间节点，称为“二分二至”。五体指的是头和两手、两足，古人行五体投地之礼以表达内心无比的尊崇。五岳，即东岳、西岳、北岳、南岳、中岳。山在后天八卦中为艮卦，居东北位。山高出大地，值得人类依止，故易称山为止。而更重要的是以尊崇之心依止精神上的高山——神明。

“血液为江河”，“江”指的是“长江”，“河”指的是“黄河”，在中国地理上，南为阳，北为阴，盘古的血液化成这大地上阴阳的符号。我们常称黄河为母亲河，长江为父亲河，它们孕育了华夏文明。而我们却不知自己就是盘古的血脉子孙，而忘失了对心中江河的护持。

“筋脉为地里”，盘古的筋脉化为大地的纹理。在古代，把观察地上纹理的学问称为堪舆学，也就是风水。风为巽卦，水为兑卦。巽選形近；兑卦为泽，泽择同音。故风水者，选择也。祖先的文化真是至广大而尽精微。正所谓“在天成象，在地成形[①]”，地上呈现的事物都是天象的投影。人体察大地上的种种变化，安排自己的生活起居，以此顺应天道，趋吉避凶。此为人法地、地法天也。

“肌肉为田土”，盘古的肌肉都变成了肥沃的土壤。田土，即

① 《周易·系辞上》：“在天成象，在地成形，变化见矣。”

是大地之土。地在八卦中为坤卦，《周易》云：“地势坤，君子以厚德载物。”讲的正是大地母亲这种含藏包容、养育万物的美德。在十天干[1]中，“戊”、“己”代表中央之土，对应人的脾胃和体表的皮肤、肌肉，在身体中起到润化、吸收、含藏的作用。土在五方位于中央，五德[2]为信，土包四德[3]，是其他四种德行的基础。人无信不立，信义是一个人立身处世的关键所在。

“皮毛为草木”，皮毛和草木有着相同的特质，遍布在身体与大地上的每一处，看似微不足道，却时刻在帮助着整个生命体进行物质能量的交换。草木，在八卦中为巽卦，主生发。草木即是地球身上的皮毛。

“齿骨为金石”，盘古的牙齿、骨骼都变成了地上的金石矿藏。牙齿与指甲是人体中仅有的露在外面的“骨头”，是肾气充盈的表现。其余的都位于腠理之下，就像土地里埋藏的矿藏一样，支撑起整个生命的架构。金石，在八卦对应乾卦。

① 十天干分别为：甲、乙、丙、丁、戊、己、庚、辛、壬、癸。天干地支为黄帝轩辕氏时由大挠所作，十天干与十二地支分别相配得六十甲子，六十年一轮回的干支纪年法是中国历史上十分重要的一种纪年方式。

② 五行之木、火、土、金、水，对应五方为东、南、中、西、北，对应五德为仁、礼、信、义、智。五德是中国文化中人伦道德的基础，遵循五行相生相克之理。

③ 《太平御览》引《五行体性论》：“土在四时之中，处季夏之末，阳衰阴长，居位之中，总于四德（谓金木水火），积尘成实。积则有间，有间故水火成实所能持也。故土以含散持实为体，稼穑为性……土包四德，故其体能兼虚实也。”

“精髓为珠玉”，天地之间最初始的精华凝结为物质的形态，便表现为宝珠美玉，它们都是盘古的精髓所化。精气是一个生命体中最宝贵的能量。在人的一生中，随着他的成长，体内先天的精气[①]渐渐耗散，直至生命的凋亡[②]。髓，是指骨中的凝脂，分为骨髓、脊髓和脑髓，皆为肾精所化。肾主骨，生髓上达于脑[③]。所以古人常说，脑为髓之海[④]。精和髓，代表了能生的力量，支持着人的日常行为。而人们常喜欢佩戴珠玉之气，也是希望借此能吸收天地的精华，安定身心，而玉所具的君子五德亦是盘古精髓的体现。

“汗流为雨泽”，雨泽为八卦中的兑卦，普润大地。雨泽润化

---

① 《黄帝内经·素问·金匮真言论篇第四》：“夫精者身之本也。”《黄帝内经·素问·六节藏象论》：“肾者，主蛰，封藏之本，精之处也。”人有精气神，精又有先天精气和后天精气，先天精气先天而生。《黄帝内经·灵枢·经脉第十》云：“人始生，先成精，精成而后脑髓生，骨为干，脉为营，筋为刚，肉为墙，皮肤坚而毛发长”，是人一切生命能量的本源，后天精气由五脏六腑运化而得贮藏于肾。《黄帝内经·素问·上古天真论第一》云：“肾者主水，受五脏六腑之精而藏之。”

② 《黄帝内经·素问·上古天真论第一》：“女子……七七，任脉虚，太冲脉衰少，天癸竭，地道不同，故形坏而无子也……男子……八八，天癸竭，精少，肾脏衰，则齿发去，形体皆极。”

③ 《黄帝内经·素问·宣明五气篇第二十三》：“五脏所主：心主脉，肺主皮，肝主筋，脾主肉，肾主骨。是谓五主。”《黄帝内经·素问·阴阳应象大论篇第五》：“肾生骨髓。”

④ 《黄帝内经·灵枢·海论第三十三》：“脑为髓之海，其输上在于其盖，下在风府。”

大地，为生发万物之助缘，谷物得此而长，饱足人类，因满足而欢乐，故兑卦代表了喜悦。

“身之诸虫，因风所感，化为黎氓”，盘古身体里的诸虫，经过风的熏习，化成了人类。“风”的繁体字为“風”，里面有一个“虫”字，意思是风动而虫生。风是天地的使者，带来了苏醒与生发的气息。地下的虫类因为它的感召也开始蠢蠢欲动了[①]。“黎氓”，指的是老百姓。黎者黑也[②]，氓者庶民也，这个时候人类的思想还处于荒蛮的状态，亟须有人为其去除蒙昧，启迪光明，故以“黎氓”称之。

人的肉体最多只能存活百年，便化为灰土；但是圣人的精神，却可以万古流芳。盘古陪伴着一代一代人的成长，永远地活在人们心中，这不就是“永生”吗？所以，想要真正的“永垂不朽”，便要重新认识神明，在生活中学习祂们的精神，在为他人奉献中，不断改变自己，超越自己。

结语：人人皆是盘古

世界的起源，是万物的起源，也是生命的起源。

盘古不仅创造了天地和万物，他还用自己生命的示现来告诉

---

① 《说文解字》：“风，从虫凡声……风动虫生。”

② 《康熙字典》引《正韵》：“黎，黑也，与黧同。”

我们“天人合一,万物同源[①]”的道理。世界的一切都可以看做是盘古自身不断变化的产物。天是他的一部分，人也是他的一部分，人跟天并没有本质上的区别，皆是从道中化生而来。这就是中国上古时期天人合一的思想的来源，我们五千年的传统文化也是依此立足的。

通过实验观察，科学家得出了这样的结论：受精卵在形成胚胎时，在一定的时间里，会由一个分化成两个，两个分化为四个，四变八,八变成六十四。这与中国传统文化里的“太极生两仪，两仪生四象，四象生八卦，八卦演变成为了六十四卦[②]”的理论是不谋而合的。正是因为具有宇宙间这种能生的伟大力量，才使得生命不断地繁衍下去。而神明盘古，只是生生之力的神格化的体现。他是此种规律作用下的第一人，以后还会有有千千万万个“盘古”，按照祂这样的方式，开始各自生命全新的历程。

在这种天人合一的思想下，我们不难得出一个结论——人人皆是盘古。从上文中我们知道，是盘古生命的变化创造了这个世界，他死后化身为日月、风雨、雷霆、血液、山河以及百姓。而

① 《类经附翼·医易义》:“天地之道，以阴阳二气而造化万物；人生之理，以阴阳二气长养百骸。”故曰:“天人合一,万物同源”，为中国文化世界观是根本。

② 《周易·说卦传》:“昔者圣人之作《易》也，将以顺性命之理。是以立天之道曰阴与阳，立地之道曰柔与刚，立人之道曰仁与义。兼三才而两之，故《易》六画而成卦，分阴分阳，迭用柔刚，故《易》六位而成章。”三爻共八卦，重之而得六爻，共六十四卦。现今所用六十四卦为周文王囚羑里时所演。

我们都是盘古的子孙，具备这种能力是不容置疑的！因此，人类能够生育子嗣，繁衍后代。我们拥有这样的生命，是由自己与父母共同参与创造的。父母是这个过程中不可或缺的助缘，他们的身体是孕育的温床，给予了生命成形的可能。这种能生之力，一直贯穿始终，使得婴儿在脱离母体后，依靠后天的哺育，能够长大成人。即使人临终之时，也依然在自主决定着未来生命的去向，只是常人不能自知罢了。

能生的力量不仅存在于生命里，当然所有事情的发展也是如此。拿一项利益百姓的事业来说，从它产生的那一刻，就具备了无限的潜力。自然之力的推动和众人团结一致的辛勤努力，这都是无形的。但最终能转化成我们能看得见的事物：不断增多的组织，以及各地如雨后春笋般开起来支脉。而人民则是这一切的受益者，在受益之后，也会纷纷参与到这项利生事业中来。就像是滚动的雪球一样，不断地壮大、繁荣。

所以，我们必须清楚地认识到，人人皆是盘古！我们与生俱来便有把握生命、创造生命、决定生命最终去向的能力。我们生存的这个地球，一年 365 日绕太阳公转一圈，每一天自转一圈，月亮围绕着地球一个月旋转一圈。四季寒来暑往，秋收冬藏，变换有序。人之生老，草木枯荣，历史兴衰，这都是宇宙的常态。放眼文化，我们看见的是盘古用他的法器把宇宙分成了天和地。但不要忘记，我们的人身就是一个微观宇宙，具有与祂一样的机能结构[①]，遵循着一样的规律。所以，我们要善用手中心中的“斧头”，为生命劈出一片新的天地，辨明黑白义理，把握阴阳之道。希望这一期生命能活出它的绚烂与精彩，终有一天，让它超越自然的束缚，回归到道体之中，成就永恒不灭的光辉。

一位老师为盘古开天写了段歌词，让我们一同唱响的歌声，响彻宇宙间：

天空轻轻升起
大地缓缓沉落
宇宙刹那打开
光明永恒将伴我生
天空轻轻升起
大地缓缓沉落
风中有故乡在呼唤
日月有你慈爱
啊——盘古开天地

---

① 《皇极经世·观物内篇》：“天与人相为表里。”《黄帝内经·灵枢·岁露论第七十九》：“人与天地相参也，与日月相应也。”《黄帝内经·灵枢·刺节真邪篇第七十五》：“与天地相应，与四时相副，人参天地，故可为解。”《黄帝内经·素问·宝命全形论篇第二十五》：“夫人生于地，悬命于天，天地合气，命之曰人。……天有阴阳，人有十二节；天有寒暑，人有虚实。”《黄帝内经·灵枢·脉要精微论篇第十七》：“与天地如一……是故声合五音，色合五行，脉合阴阳。”

啊——盘古开天地

化成了我们的家园

光辉灿烂

生命啊在转动

因为你在其中

生命啊在转动

伴随我们重逢

第二章

抟土造人

生命结构的创立

引语：

盘古用祂伟岸的身躯，为我们变化出一个浩瀚的世界，而人类的生命也渐渐出现了。人贵为万物之灵，我们的生命是渺小的，如宇宙中的一粒尘埃；我们的生命也是伟大的，可以与天地同参同化。而这一切，竟都是因一双“手”而起——那是女娲的手，她把慈悲和智慧赋予给了掌心的一掊土壤，创造出人类的形象。

而你又是否想过，在这一生命形态的背后，到底蕴藏着怎样的秘密呢？现在，就让我们借住这个故事，回到“人”的本身，去破译女娲曾经设下的密码，去了解“生而为人”的担当。

经典记载：

娲，古之神圣女，化万物者也。

——《说文解字》

俗说天地开辟，未有人民，女娲抟黄土作人。剧务，力不暇供，乃引绳于泥中于举以为人。故富贵者黄土人；贫贱凡庸者引絙人也。

——《风俗通》

白话解：

传说在开天辟地之后，还没有真正意义上的人类。到了女娲的时代，她用大地上的黄土捏造出人的形状，并赋予它们生命。后来，造人的任务太过于繁重，女娲便想了一下办法。她将绳子沾满黄泥，在天空中一挥，便化现出千万个人来。传说，那些由女娲亲手捏造出来的人类，都是后世的富贵者；那些由泥点挥洒出来的人类，是后世的贫贱者。

一、天地神圣

“古之神圣女，化万物者也。”这是《说文解字》中对“娲”一字的解释。我们曾经提到，“神”“圣”二字分别有不同的意思，在古代一般不连用，所谓“神于天、圣于地”，这代表了一种极其崇高的地位。盘古就是被尊称为“神圣”，他的身体化为了大千世界①，女娲也是这样的。“神”字在前面的篇章已经解释详细

① 大千世界，佛教用语，世界的千倍叫小千世界，小千世界的千倍叫中千世界，中千世界的千倍叫大千世界。后指广大无边的世界。

了，那“圣”是什么意思呢？“圣”字篆书的字形是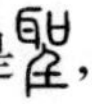，上面为耳和口，下面是一个“壬”。“圣”者“通”也[1]，能通天之意，“壬”为十天干[2]中的倒数第二个，五行属水，水在五德中表示智慧。圣人必定具有异于常人的大智慧，能够观察到百姓所需，此为智慧。“圣”通“声”，闻声便知情，圣人耳边听的是上天的旨意和民众的心声，口中宣的是谆谆的教诲，此为慈悲。最能代表慈悲的莫过于是观世音菩萨[3]。观世音，遍观娑婆疾苦之音，寻音声而救拔众生。佛经上记载，有人若遇急难，只要诚心念得一句“南无观世音菩萨”圣号，菩萨便能立即现前，为他消灾解难，辟除祸害。[4]所以，堪当“圣”之一字的人，一定是慈悲与智慧具足的。

---

① 《说文》：圣，通也。

② 甲、乙、丙、丁、戊、己、庚、辛、壬、癸总称为十天干。配以地支形成古代历法纪年。

③ 又译为观自在菩萨，意为“观察世间音声觉悟有情”。为佛教西方极乐世界教主阿弥陀佛座下的上首菩萨。唐译《千光眼观自在菩萨秘密法经》：“我念往昔时，观自在菩萨于我前成佛，号曰‘正法明’，十号具足。我于彼时为彼佛下作苦行弟子，蒙其教化，今得成佛。十方如来皆由观自在教化之力故，于妙国土得无上道，转妙法轮。”观世音菩萨过去佛号正法明如来，成佛早于释迦牟尼佛，因悲悯苦海众生，倒驾慈航，示现菩萨形象，重入世间教化救苦。

④ 《妙法莲华经》之《观世音菩萨普门品》：“若有无量百千万亿众生，受诸苦恼，闻是观世音菩萨，一心称名，观世音菩萨即时观其音声，皆得解脱。”

在唐朝贞观年间，朝廷重臣袁天罡[①]和李淳风[②]共同创作了一本千古奇书——《推背图》[③]预测影响未来发展的大事件。全书图文并茂，一共有六十幅图像，配上六十甲子[④]和卦象。其中有一幅画是一个用树叶遮住私处的人，左手拿着太阳，右手拿着月亮，这就是在描绘盘古开天地的情态，是中国文化的创世说。在这个故事的最后，"盘古身之诸虫，因风所感，化为黎氓"，就是最早生命的起源。

盘古以后，中国经历了三皇[⑤]、五帝[⑥]、三王[⑦]的时代。

三皇，即是指天皇、地皇、人皇。天皇有十三个兄弟，他用

---

① 袁天罡，唐代最著名的相师。四川成都人，生卒年不详。隋末唐初天文学家、星象学家、道士、相士。善风鉴，累验不爽，隋时为盐官令，入唐为火井（临邛）令。相传他懂得"风鉴"，即凭风声风向，可断吉凶。又精通面相、六壬及五行等。著有《六壬课》、《五行相书》、《三世相法》、《推背图》（和李淳风共著）、《袁天罡称骨歌》等。

② 李淳风（602—670），唐代杰出的天文学家、道家学者，岐州雍人，精通天文、历算、阴阳之说。李淳风和袁天罡所著的《推背图》以其预言的准确而著称于世。李淳风是世界上第一个给风力定级的人。

③《推背图》：古代著名预言书。由于历朝历代均严禁此类谶书，该书在流传中不断被人篡改，将已知的历史改成图谶，加以比附，故其本来面目已渺不可考。

④ 干支是天干与地支的合称。由十天干和十二地支搭配成六十对，为一个周期，循环往复，称为六十甲子。中国古代用以记录年、月、日、时。

⑤ 中国上古神话时期的君主，为天皇、地皇、人皇。

⑥ 指上古五位圣帝。《礼记·月令》五帝：太昊（伏羲）、炎帝、黄帝、颛顼、少昊。

⑦ 指上古尧、舜、禹。

天干、地支创建了历法，定位四时，让世界有序地运转。地皇有兄弟十个，他从咸池边上请来了日、月二君，又利用阴阳的余气化成了星辰、五行，天地的纲纪渐渐开始分明。人皇出世，兄弟有八人，他在大地上分出山川和九州，立下了婚配嫁娶的规矩。[①]自三皇之后，世界的大结构已经近乎完整了。

五帝的顺序分别是太昊伏羲氏、炎帝神农氏、黄帝轩辕氏、少昊金天氏、颛顼高阳氏，他们各以仁、礼、信、义、智五德王天下，人类社会的建制进一步得到健全。“三王”就是尧、舜、禹统治的时代，被称为“中古”，之后中国便有了明确的朝代区分的概念了。

“皇”“帝”“王”三个时期，统治者做的事情有了很明显的区别。这三种称谓，也代表了不同的地位。《说文》：“皇”者，大也，从自从王，（篆书写作：。“自”是人的鼻子的象形，主吐纳呼吸，是生命的根本，那时人的生命还没有从道体中分化出来。《说文》：“‘帝’者，谛也。王天下之号也。”能够以德行王天下者成为“帝”，谛听上天的旨意，帝王行代天宣化之职，[15]这已经从“道”的层面向下落到了“德”的层面。“‘王’，天下所归往也。“代表了天下民心之所向。三横为三才——天、地、人，由一竖贯通，说明能参透三才之道者能称“王”。[16]这时，人已经与“天人合一”

① 引自《开辟演义》。

的状态相去甚远了，所以需要有王者的指引，才能明白天意。

二、生命溯源

讲到人类起源，一定离不开伏羲女娲。他们共同的母亲是华胥氏，因为灾难的来临，迫使兄妹二人要通过男女阴阳结合的方式来繁衍后代。伏羲和女娲都是人首蛇身的形象，两蛇交尾的样子就是今天科学家所发现的DNA双股螺旋的形状。伏羲女娲是人类的祖先，而DNA中承载着人类祖先的遗传基因密码。从古至今，关于生命的真相永远只有一个，我们的祖先在千万年以前就知道了。

所以谈到女娲，也就谈到了人类生存繁衍方式（男女阴阳相合出生后代）的正式确立。佛家文化里称以阴阳男女相合生出生命的世界为欲界中的人间。

在历史上，也许《女娲补天》是我们了解到的最熟悉的事件；然而对于伏羲女娲而言，“造人”的重要意义要远远大于“补天”。如同盘古开天地分阴阳，伏羲造八卦，燧人氏取火，黄帝轩辕氏造衣裳，神农氏教人种植，仓颉造字等等，诸如此类的神明功绩事件都是影响人类生命发展进程中巨大的转折点。

在上古时期，很多神异的人物都是以人首蛇身来示现的，用这种具象的形态来表现人类生命最初始的样貌。“身之诸虫，因风所感，化为黎氓。”[①] 什么是身体的虫？就是人体内的精虫，我们把它称为“道生一”中的“一”，这是接近“道”原始形态，也是生命的起源。所以，开天辟地时成型的只是生命胚胎的种子，在伏羲女娲之时，世界上才出现了真正意义上的“人类”。

探讨到人类“存在形式”和“存活方式”的时候，有两种说法，一是伏羲与女娲结合，二是女娲造人，这都与女娲有关。

“娲”与“蛙”，同音近义，两者有很相似的地方：蛙的幼苗是蝌蚪，我们可以看到，蝌蚪的形态与精子很像，特别是成千上万颗精子与卵子结合的那一瞬间，就像是一大群飞速游泳的小蝌蚪，奔向妈妈的怀抱。另外，在夏日的夜晚，我们总能在池塘边听到一阵阵蛙声，青蛙的腹部大，它发声是由于腹部伸缩引起体内气息鼓荡。这就如同女性的子宫，代表了一种能生的能力，所以中国古人经常把女性比喻为蛙或蟾蜍，为阴性的代表。

盘古开天辟地，轻清之阳气上升为天，在人代表男性；重浊之阴气下降为地，在人代表女性。伏羲和女娲就各自是这一类的象征，所以他们的结合就是天地、阴阳、男女的结合。

我们都知道，太阳和月亮分别是阴阳二气在天空中最大的具

---

① 《三五历纪》：“元气蒙鸿，萌芽兹始……首生盘古。垂死化身……身之诸虫，因风所感，化为黎氓。”

象，传说太阳之上有一只神鸟，名叫三足乌[①]，是专门驾驭日车的神兽。而古人常把蟾蜍和月亮联系在一起，故而月又有别名叫做“蟾宫”。[②]

蟾蜍与青蛙相类，和月亮一样，都是阴气的精华。女性的能生之力，从浅表的层面来理解，是与一切属于阴性的事物相关，如大地、女性等等。但是更究竟而言，正所谓“万物一太极”。任何事物的本身就是太极混元的体现，都包含阴、阳两面，都具备自我生成、自我修复、自我完善的能力。所以，将一种事物归为阳性或者阴性，只是说明其某种属性占到了主导的作用，但其实，阴阳是并存而不可分的。“天地之大德曰生。”[③]天的身上也有含纳归藏、厚德载物[④]的品格，地也同样具备自强不息[⑤]的德行，阴阳这两者是相对而言的。“生”的这种品质是万物皆具的秉性。回到神话中，有女娲伏羲共同结合繁衍后代的——这是表示了生命因阴阳相交而有；而说到女娲造人——这是在彰显女性伟大的

---

① 三足乌是汉族神话传说中驾驭日车的神鸟名，为日中三足乌之演化。三足乌亦称“踆乌”，居于日中，有三足。

② 即广寒宫。“羿请不死之药于西王母，羿妻嫦娥窃之奔月，托身于月，是为蟾蜍，而为月精。

③ 《易经·系辞下》：“天地之大德曰生。”

④ 《周易·坤》：“君子以厚德载物。”君子应当重视品德的修养和积累，如像大地一样能容养万物，海纳百川。

⑤ 《周易·乾》：“天行健，君子以自强不息。”君子修德以自强心性，如像天道运行，永不停歇且永不退缩、周而复始、生生不息。

生养天性。

三、抟土造人

“女娲抟黄土造人”，女娲刚开始就仿造着自己的形象造出一批叫“人”① 的生命。这句话里有两个很关键的字眼，首先是用“黄土”，其次是“抟”。

《说文解字》：“抟者，圜也。”圜即是圆的意思，很生动地表现出“抟”这一字的意思：就像是我们过年包汤圆，把汤圆的馅料“团”在面里的样子。为什么造人用“抟”而不用“揉”呢？首先，“揉”是平面的而不是立体的，其次，“抟”是在强调除去外在固定形象后，其内在是饱满的，有能量含在其中的——或者是有空间可以包藏的。这就说明，在人生成之初，生命的内在就是充盈的。我们可以理解为身体里包含着五脏六腑②、有精神或灵魂，还有无限塑造的潜力。俗语说“麻雀虽小，五脏俱全”，人身虽小，但从他出生（天人同构）的那一刻起，就有了和天地自然相应（天人相应）的属性，和万物相合（天人合一）的能量，

---

① 《说文》：人，天地之性最贵者也。

② 中医对内脏的总称。《素问·五脏别论篇》，“脏”指人体内的五脏，即：肝、心、脾、肺、肾，主要功能为受乘和传化水谷并积存精气；六腑，即：胆、小肠、胃、大肠、膀胱、三焦，主要功能为生化和蓄存精气。

这种禀赋是不会经历时间而改变的。所以，如果将中国文化的核心总结为一句话，那便是我们的世界观——“天人合一,万物同源”。

《道德经》云:“专气致柔,能婴儿乎？”其实应该念成是“抟气致柔”。“抟气”就是太极拳中的基本功——站桩:两脚分开与肩同宽，双手在胸前抱球，手掌的劳宫穴对准胸前的膻中穴（两乳正中），十指相对，犹如环抱一阴阳太极之状。劳宫穴在手掌心，直通心脉，经常揉按会有清心火、安心神的作用;而膻中穴也是连通心脉的,对应人体上焦[1],是身体中能量聚集的一个重要穴位。所以，太极拳中的站桩，就是在意念身体与广大的太极球融为一体，你就在参与整个天地阴阳的消息运作，是浑然无二的。在练习的时候，你便会感觉两手怀抱之间有气体在涌荡，这就是“抟气”。

为什么要用土“抟”呢？前面也提到了“土包四德”，仅仅是土就包含了其余四种德相。土最关键的特点就是有间、能持，所以才会谈到“广大包容”的概念。如果土性是板结的，没有空间，紧密无痕，那么生命就没有立足的可能。所以，女性的子宫一定是空的，才能够为受精卵提供孕育的空间，万事万物

① 人体部位名。三焦的上部，从咽喉至胸膈部分。《灵枢·营卫生会》:“上焦出于胃上口，并咽以上，贯膈而布胸中”。其主要功能是敷布水谷精气至全身，以温养肌肤、骨节，通调腠理。

只有空才能生万有。佛教里讲空性，因万法皆空性，所以可以造就缘起。

其次是“能持”，能够秉持，具有恒常的不变性，母亲从怀胎十月，到孩子出生，怀、孕、生、哺、育、长、教、化，绵绵密密，这份浓厚的情感伴随子女的一生。坚贞、情长、不离不弃，这就是一个女性天生的德相——土性即是坤德。

而黄为地之色也。从田从芡。土地色为黄，故从田。也代表了大地。

除此之外，泥土还可以帮助我们认识生命的本质。还记得我们小时候，最喜欢的就是玩泥巴，可以把它捏成各种形状。柔软的泥巴可以塑形，你让它变成什么就是什么，人的生命也是一样，具有无限的可塑性。你永远也想不到，生命能够发挥多大的潜力和空间，它是永无止境的。而人却往往喜欢把自己定型，给自己贴上一个标签，例如“我是一个自卑的人、胆小的人”“我做不了什么大事情”“我天生就是这样的”……如果我们能够撕掉贴在身上的所有标签，你将发现，原来生命的形状完全是自己一手捏造的，它本来就是无拘无束，随心所化。现在，这块沃土就放在我们的面前，不需再迟疑了，拾起那把被我们丢在身边的犁头，好好地耕耘吧，深翻心灵的种子地，让它焕发属于生命的本然光彩！

用土抟出来的“人”，就秉承了它的自然属性，和大地一样具有无限生发培育的能力。所以，在很多地方，女娲又被称为送子娘娘[①]。人为何叫做“人”呢？这个字看似很简单，只有两个笔画，一撇加一捺，但是，它包含的信息能量却是极其复杂的。“人”的解释有很多，例如《礼记》[②]中言“人者，天地之德，阴阳之交，鬼神之会，五行之秀气”。它由两个笔画组成，我们可以理解为，必须在两股力量的作用下才生人，为阴为阳，为父精、为母血，是阴阳和合的产物。所以，这种生命本身就是中和的、平衡的、兼具的：他有睿智的思想，也有浪漫的情怀；他有来自于天性的阳刚勇猛，也有禀赋于地性的承载包容。

人的篆书字形是，就是一个“面朝黄土背朝天”的象形。天空和人的背部都属于阳，大地与人的腹部都属于阴，我们的祖先将农业耕作确立为这一民族生存发展之根本，是合乎天地道理的。所以，从人类诞生的那一刻，就和脚下的这片大地密切地联系在一起，它慈悲地用身体托起万物的灵魂，让我们的文明代代相传。这让我们想起一句现代的诗：“为什么我的眼中长含着泪水，因为我对这片土地爱得深沉！”确是如此，在浩瀚的苍天与广袤的后土之中，人类只能永远是谦卑的，如同它的字形一样：

---

① 称“注生妈”，尊奉的生育之神，主管妇女的怀孕、生产。注生娘娘的造像，多是左手执簿本，右手持笔，象征其记录家家户户子嗣之事。

② 儒家十三经之一。主要记载论述了先秦的礼制礼仪等内容。西汉戴圣对秦汉以前汉族礼仪著作加以辑录，编纂而成，共 49 篇。

温和地弓下腰，做出恭敬行礼的姿态，轻轻掬起脚下的泥土，注视的目光中充满深情。虚怀若谷，谦逊如风，这不是圣人的说教，而是我们千万年来从自然中学到的至理。

关于“人”者为何，还有很多的意义等待大家发掘。当我们继续探究生命的学问，不断依经典在生活中行持，就会明白这一名称的伟大之处，便也渐渐明白了作为一个“人”身上肩负的责任和使命。

四、七十成化

在《山海经》中有对女娲这样的描述：“女娲，古神女而帝者，人面蛇身，一日七十化。”从字面上理解，女娲在一天中有七十种变化。为什么是七十化呢？所谓“七十化”者，并非是指有七十次或者七十种变化，而是应该把它拆开来看——“一日七，十化”。何为之“七”？《说文》：七，阳之正也。从一，微阴从中邪出也。微阴者，从易的角度看是夏至的一阴来姤，从冬至的一阳来复到微阴从阳而出，正好跨度了七个月，所以七的含义重点指向了时间历法。

七者，七日来复也。从时间上来讲，七日即是一周，一个星期；上帝用七天创造了世界；从生命来讲，七者，期也，周期的意思。代表了万物周而复始的发展规律，就人的生命周期而言，就以“七”为期计算的。《黄帝内经》[①]写道：“女子七岁肾气盛，齿更髮长；二七而天癸[②]至，任脉[③]通，太冲脉[④]盛，月事[⑤]以时下，故有子。”在女子十四岁时，肾气充盈，生理上达到了最为饱满的状态，并且已经具备了基本的生育能力。从二七开始，身体虽然愈加成熟，但先天的能量却在不断地衰减，“七七任脉虚，太冲脉衰少，天癸竭，地道不通，故形坏而无子也”。直至女子七七四十九岁之年，先天之肾精便已耗尽，只有依靠后天补充的能量来延续生命的轨迹。不论是七秒、七天，或者是七年，其实身体在每个阶段都有着不同变化。但更多时候，是我们的心向外跑得太远，是我们的耳边流淌着太多纷繁的音乐，唯独听不见生命最深处的低语呢喃。

在《佛说入胎经》[⑥]中，佛陀告诉我们，从受精卵进入子宫到

---

① 《灵枢》、《素问》两部分，是中国最早的医学典籍。

② 肾中精气充盈到一定程度时产生的具有促进人体生殖器官成熟，并维持生殖功能的物质。“天”是言其来源于先天，“癸”是言其本质属天干中的癸水，即精液。

③ 为人体经脉之一，属奇经八脉之一。任脉起于小腹，止于眼眶，共有关元、气海等24腧穴。此经主要有调节阴经气血、调节月经的作用。

④ 人体奇经八脉之一，冲脉能调节十二经气血，故称为十二经脉之海。与生殖机能关系密切，冲、任脉盛，月经才能正常排泄，故又称血海。

⑤ 即女性生理上的循环周期。

⑥ 佛教经典之一。释迦牟尼佛以圆满无漏的智慧向世人直观地描述胚胎受孕（即入胎）及发育的各种情状，与现代科学在显微镜下所观察到的胎儿入胎及发育的绝大多数情状，并无二致。

胎儿出生，大概需要38周的时间，每一个七天，胎儿的身体状况和感受都是不同的。所以，我们所看到的每一个生命，都是由这无数的七天积累而成的。

生命的“七”和自然规律中的“七”是一致的。复卦[①]位于斗建图的底部，䷗，呈五阴居上、一阳在下之象，时间上对应冬至[②]，在这个一年中阴气最盛的时节里，一缕阳气冲破了群阴的阻力，于地表上发出一声浑然之音，那是生命的呐喊，是阳气的初生之状。而在斗建图的上面，是乾卦[③]，为六个阳爻，对应的是农历四月，此时阳能充盈饱满。阳气从冬至到端午，就像从初爻（初九）开始，慢慢地向上长，直到六爻一样（䷀）。那么，这种张扬在外的阳能是从哪里开始向内敛藏、向阴面转化的？就是从第六变后的第七变开始的。这所谓的“第七变”，它的变化超越了原来的六爻的卦，体现在下一个卦象的初爻里。乾卦之后是姤卦[④]，五阳在上，一阴在下，阴气从这个时候起，在形势上开始占

---

① 复卦，《易》第二十四卦　复䷗地雷复　坤上震下。震为雷，性动，坤为地，性顺。震雷在地中微动，阳动土复而能顺行。冬至之时，一阳来复，生发能量无限。

② 古人用土圭观测太阳日影，日影最长之日定为冬至日。即日起，一阳来复，阳能渐长，春回大地。

③ 乾卦：䷀《易》之首，上下卦皆是由八卦中代表天的☰乾所组成。乾者，健也。六爻皆阳，阳的能量到达顶峰。《象》曰：大哉乾元，万物资始，乃统天。

④ 《易》第四十四卦　姤卦䷫天风姤　乾上巽下。姤即遘，阴阳相遇。女壮，勿用取女。五阳一阴，不能久处。

据了主导的作用。

说完了“七”，再来说“十”[①]。十者，天干也（甲乙丙丁戊己庚辛壬癸）。上古伏羲以木德王天下，是最初这个原始部落首领，伏羲氏没，女娲继之。“继”就是继承、延续、不变的意思。木德，为青阳之色，是女娲与伏羲共同的德相。所谓“十”，即是十天干，表示为阳，凡表阳事用十天干。天者生生不息，故十天干亦如是，具有强大的生发的空间。十化，同样是在强调在女娲身上的这种化育能力。

女娲造出来的这些人有两个鲜明的特性：第一是能生，他们效法伏羲女娲阴阳和合的方式，来繁衍后代；第二，是人类能“生长规律”，“一日七十化”，是什么在“化”？是指人的“变化”。化者，华也，花也。从前，“花”专指的植物中能分泌花粉的位置，花朵中的雄蕊和雌蕊，就是它的繁殖化生系统。所以“花”即是指出生、变化之意。

女娲抟土造人后，还要吹一下，这个人才可以存活。这就指出了人类生命的根本——呼吸[②]。《道德经》云：“天地之间其有橐

① 《说文》：“十，数之具也。一为东西，丨为南北，则四方中央备矣。”十，数为完备之义。又有十，时空、方位交错之义。

② 呼气和吸气，是生物机体和外界进行气体交换的活动。

籥[1]乎？”日本京都三十三间堂中供奉着风神、雷神，其中风神背了一个大口袋，里面就是装了整个世界的风，这就是橐。天地和人的生命一样，都像是一个大风箱，在一推一拉间风云变幻，四季轮转；在吐纳中维持生命的基本运作。女娲吹的气，即是先天呼吸——体呼吸，以全部生命感知吸收宇宙能量。而泥土人受此气活了，是指其转变为后天呼吸，即人的呼吸系统。

在呼吸时，就是人与自然能量交换的过程，我们都共同依存这个宇宙体而生活着，不分彼此，至少，谁都离不开谁。大家如同阴阳鱼一样，相互依存，先天后天相互转化。

女娲刚开始捏出一个人，就吹一口气，但到了后来实在做不了这么多了，便“乃引绳于泥中，举以为人”。——她想了一个办法，拿根细长的绳子蘸满泥水，在空中甩一下，挥洒出来的泥点顿时又化成了人。这里绳鞭寓意为男根，而泥点为精水。于是，人们便认为，凡女娲用手捏造出来的，就是后世大富大贵的人，因为是变化所生；凡是她拿绳子甩出来的，都是最贫穷下贱的人，因为是男女阴阳和合而生。因为能生、所生的来源不同，故等级也就自然形成。

无独有偶，印度文明中会把人分成了四个等级，由高到低分

---

① 即风箱。最早是一种鼓风器；橐是以牛皮制造而成的风袋；籥原来是指吹口管乐器。《老子·道德经》用橐籥比喻空间。“天地之间，其犹橐籥乎？虚而不屈，动而愈出。”

别是“婆罗门”、“刹帝利”、“吠舍”和“首陀罗”。[1]“婆罗门”是宫廷中主持祈祷的祭司，他们的手上拥有着比国王还高的权力，受到大家的尊崇，是地位最高的一类人。“刹帝利”又被称为“王种”，指的是国王、长者贵族，是百姓的统领者。“吠舍”一般指的是商人田贾，他们比平民富裕，手上却没有什么权力。“首陀罗”就是处在这个社会最底层的贱民百姓，他们从事着最低下卑贱的行业，如同奴隶一般，常常会受到富贵主们的鞭挞辱骂，过着悲苦难捱的生活。这四个等级划分森严，不可逾越，就像是一把沉重的枷锁，在出生之前就已经决定了你这一辈子的命运。

四等级又被叫做“四种姓”，是根据神的身体位置出生不同而分的。那么这个身体是谁的呢？印度的宗教里把它叫做“梵”、大梵天王。他是这个世界的造物主，等同于中国神话中的盘古与

---

① 婆罗门：印度的祭司贵族，属于瓦尔那之一（印度教中种姓制度划分）。它主要掌握神权，占卜祸福，垄断文化教育和报道农时季节，主持王室仪典，在社会中地位是最高的。

刹帝利：瓦尔那之一，是古印度种姓制度中的军事贵族，包括国王以下的各级官吏，掌握国家除神权之外一切权力。佛教的创始人释迦牟尼就生在印度的刹帝利家族。

吠舍：瓦尔那的一种，是古印度社会中的普通劳动者，也就是雅利安人的中下阶层，包括农民、畜牧者和商人，他们必须向国家缴纳赋税。

首陀罗：又称“戍陀罗”，是印度教种姓之一，颜色是黑色，地位极低。这个种姓由农民、高级佣人和工匠组成，是人口最多的种姓（占人口 50%）。

西方的上帝一样。梵天[①]认为自己是最尊贵的神祇，万物皆是他一手化现的杰作。他的脾气有些古怪：高兴时，世界和谐安稳，风调雨顺；生气时，却会将这一切统统毁去，病疾横流，灾祸不断。所以，它既是创造之神，又是毁灭之神。那么，“婆罗门”被认为是梵天的头，所以这一类人讲的话就代表梵天的话，因而具备了像梵天一样至高无上的神权。而“首陀罗”是梵天的脚，是用来走路的，故而是最卑贱的，这是“种性”的差异。

华夏文明中也有“等级、种性”，《孝经》[②]里的前六章，按照乾卦六爻（☰）排列，自上而下分别代表了“宗庙”“天子”“诸侯”“卿大夫”“士”“庶人”，各个阶层所要行的孝道也是有次第、内容之分的。在古代，黄帝轩辕氏生子二十五人，只有十四子得其姓，在历史上，黄帝是第一个分封姓氏的人。[③]种姓，即是种性，女娲“播种”，轩辕氏“造姓”。说明“差别”是这个世界的一种常态，大至国家、地域、民族，小至一个人的性格脾气、家庭环境等等，都是不尽相同的。即使是一对血浓于水的双胞胎，他们的身上也依然有着明显的差别。故佛家常言：万类众生万类生。

中国的源头经典《周易》开篇即提到：“天尊地卑，乾坤定矣；

① 梵天职司创造，是智慧之神，被视为一切法的创造者。后为佛教所吸收，成为佛教重要的护法神。他居住在天界，他所居之地称为梵天或大梵天。

② 儒家讲授孝道的书，为十三经之一。

③《五帝本纪》：黄帝二十五子，其得姓者十四人。

卑高以陈，贵贱位矣。”天地的本身就有尊卑之别，这种所谓的“尊”和“卑”在这里并没有任何褒奖或贬低的含义，而是一种实相的陈述。最早，“尊”[①]指的就是盛酒的酒器，“卑”者“杯”也，就是饮酒的杯子。天地有高低、主从之分，就如同酒器与酒杯的关系一样自然。周朝叔旦制礼[②]，依照天地宇宙的原本结构，将万物也分成了六等，犹如一卦之六爻，以类“阴阳”、“刚柔”、“仁义”六种德相。封建[③]的等级制度，本身就是礼法效仿天地实相的体现，并非近代人理解的如此不堪。“位”[④]与“德”[⑤]自古不分家，有德而有位，人处于社会上什么样的位置，除出身以外，完全是依照你的德行来决定的。孔子[⑥]身为庶民，因为其光明的德行，被尊称为“至圣先师”，有“素王”[⑦]的千古美誉——虽不在帝王之位，但具备帝王之德，一生都在做着如天子一般教化百姓的事业。相反如桀纣之流，虽有天子之名，却无天子之实，百姓弃之如敝

---

① 《说文》尊本酒器，字从酋，廾以奉之。

② 周公，姓姬名旦，是周文王第四子，武王的弟弟，因其采邑在周，爵为上公，故称周公。周公一生功绩甚多，《尚书·大传》：“一年救乱，二年克殷，三年践奄，四年建侯卫，五年营成周，六年制礼乐，七年致政成王。”

③ 古代天子依爵位高低将领土分封与宗室或功臣做为食邑的制度。

④ 《说文》：列中庭之左右谓之位。

⑤ 《正韵》凡言德者，善美，正大，光明，纯懿之称也。

⑥ 孔子（公元前551年9月28日—公元前479年4月11日），名丘，字仲尼，春秋时期鲁国陬邑人（今山东曲阜），儒家学派创始人。孔子周游列国十四年，晚年又开创私塾学堂，修订六经，即《诗》《书》《礼》《乐》《易》《春秋》。

⑦ 谓具有帝王之德而未居帝王之位者。又，孔子的别称。

屣，将他们比喻为“烈日”，甚至甘愿与其同归于尽，[1]这就是德不配位的缘故。而从究竟义上看，“位”指爻位，“德”指卦德。也就是说，万事万物的统一规律，当事物发展到了一定阶段的时候，一定具有该阶段的性质特点；而当事物具有了某种性质特点后，必然会达至发展的某个阶段。

在差别的世界中，圣人却可以发现相同的地方。《孟子·告子章下》：曹交问曰：“人皆可以为尧舜，有诸？”孟子曰：“然！”

佛陀说：“众生皆有如来种性。”这是什么意思呢？即使每个人都有着这么多不同的地方，但是，生命的本性从根本而言，都是光明的、无染的、纯净的，都是不垢不净、不增不减、不生不灭的——这就是众生之间永远不变的共性。

在《法华经·常不轻菩萨品》中，有这样一个故事：在威音王如来[2]住世[3]的像法[4]时期，众生升起了极重的傲慢之心。有一

---

① 《汤誓》曰：时日害丧？予及女偕亡！《华严经·如来出现品》：“无一众生而不具有如来智慧，但以妄想颠倒执著而不证得；若离妄想，一切智、自然智、无碍智则得现前。

② 威音王佛，又作寂趣音王佛，是最初的佛祖，所在的劫称为太古离衰劫。据《妙法莲华经玄赞》卷十本载，诸佛同名为威音王者，即显说法华之音声，如王之尊胜，有大威势，能令众生获大利乐。

③ 指佛在某一时间证悟、成道、传法、涅槃以及佛法在该世界存在的全过程。

④ 佛教语。正、像、末“三时”之一。谓佛涅槃久远，一般认为在佛涅槃五百年后的一千年之间。

位生在这个时代的出家比丘[1]，他每逢见到出家人、在家人都十分地恭敬，对他们合十礼拜说道："我不敢轻视汝等，因为汝等来世皆得作佛。"于是所有人都称他为"常不轻比丘"。遇到嗔怒心重的人们，便会生气地用言语来辱骂他，更有甚者，向他投掷石块和木棒。尽管如此，常不轻比丘还是会跪在地上，恭敬地顶礼，说道："我不敢轻视汝等……"而这位菩萨比丘在临命终时，在虚空中听到威音王佛所说《法华经》，无量偈诵悉能受持，最终得以成佛，这便是娑婆教主释迦牟尼佛的一世。

凡夫的眼中只能看到差别，抱怨际遇的不公平，从周围形形色色的人群中挑出各种厌恶的理由。但在圣人的眼里，却可以透过差别发现平等实相，看到众生的身上散发着的自性光辉，因而便由心底里升起无量的慈悲。圣人怜悯每一个迷路的旅人，为他们的迷失而悲泣，为他们的觉悟而欢喜。

那么，在我们尚未参透平等智慧之前，就请做一个谦卑的人吧，怀着一颗慈悲而宽容的心来看待每一件事情，珍惜遇到的每一段缘分，感恩萍水相逢的每一个人。常常想一想常不轻菩萨的故事，将他树立为我们学习和效法的榜样。《普天三无》的歌词是那么的美：

---

① 佛教指和尚，指年满二十岁，受过具足戒的男性出家人。

普天之下没有我不爱的人，

普天之下没有我不原谅的人，

普天之下没有我不信任的人。

五、月下高媒

造出了人类之后，女娲的工作并没有结束。《风俗通义》[①]里说："女娲祷祠神，祈而为女媒，因置婚姻。"她还为人类确立了他们繁衍生存的模式，这是所有生命种类中只有人类才具备的标志。

《圣经》记载，上帝造了亚当夏娃，灵蛇诱使夏娃与亚当偷吃了伊甸园中的智慧果。当"智慧"升起的时候，亚当和夏娃便有了分辨阴阳善恶美丑的能力。他们忽然间发现，原来彼此的生命体是不同的！而在此之前，人类是没有关于男女、阴阳的概念的，他们看着对方，感觉就是自己的一部分。佛教称这样的生命存在的地方为"色界"，即是只有物质身体而没有欲望，也就是通常说的"伊甸园"。

这时候，因为察觉出了不同，才会产生羞涩的感觉，才会找来几片树叶把自己身上羞于见人的地方遮起来。这种"智

---

① 多引作《风俗通》，东汉泰山太守应劭著，记录了大量的神话异闻。

慧”，还不如称其为“智巧”。“巧”就是人心的思量。当我们心底出现计较和判别的时候，就离天真本然的本性愈来愈远了。佛教称这种生命生存的地方为欲界，有阴阳二分法的判别。

《道德经》云：“大道废，有仁义。智慧出，有大伪。”“伪”是什么意思呢？伪者，人为也，古代“为”的字形就是一个人用手牵着大象的样子（甲骨文：）。大象本来是在野外生活，无拘无束的，但是人想到了利用它们的力量可以方便耕作，就把大象从野外引入了田间，变成了我们生活中的一部分。因为人的意愿，更改了大象原本的生活，“大象”就是自然实相，这就是“伪”的本意。

“人为”与“无为”[①]是相对了，“无为”并不是什么都不作，而是不破坏、不改变，让生命顺其自然地发展，圆满无缺地经历它所应该经历的每一个环节。人为的力量，是欲望的萌芽，也是自然界最突兀的声音。“无为”的话题，对现代社会有着很积极的意义。当我们把自然环境破坏得面目全非、千疮百孔后，才回过头来探讨“可持续性发展”时，数千年前的祖先早就已经为子孙们谋求出百利而无一弊的生存之道，那就是建立在天人关系上的深刻思考——无为而治。

---

① 《老子》：“常无为而无不为，侯王若能守之，万物将自化。”

夏娃亚当没吃禁果之前，与伏羲女娲阴阳未交的状态是一样的。等到华胥氏向天祈祷后，得到伏羲女娲可以结合繁衍的预言与征兆，这就等同与亚当和女娲偷吃了禁果。这时，阴阳相交，就永远成为了人类生命的定式。所以，造人，不仅仅是创造人，更是在为人创造繁衍后代的方式！

女娲因为其造人的功绩，被后代人称其为高（皋）媒[①]，也就是最早的“媒人”。人们也常常为她取一个更美的名字，叫做“月老”[②]。在我们的印象里，“月老”好像就是一位面容和蔼的老人。他总是一边摸着长长的胡须，一边把红绳分别系在有情男女的手臂上。传说被月老牵过红绳的情人，都会白头偕老，幸福终生。[③]由月亮来完成这一件浪漫的事情是再自然不过的。当然了，因为月属于阴性，为阴气的精华，太阳创生万物，月亮则担负起调节的任务。她的清凉、温柔让人倾倒，连很多的文人都喜欢在如水的夜晚，把酒对月，静诉衷肠呢！

---

① 即管理婚姻和生育之神。

② 月下老人，管婚姻的红喜神，也就是媒神。

③《浮生六记》:“世传月下老人专司人间婚奂鰤，今生夫妇已承牵合，来世姻缘亦须仰借神力。”

天上的二十八星宿[①]与月亮有着莫大关系。古人将这周天三百六十度不等分地划分成了二十八个星宿区间，每七个星宿为一组，组成了青龙、白虎、朱雀、玄武四个灵兽形象。

其实，“宿”（xiù）者，“宿”（sù）也，星宿即是月亮的宿舍。二十八个星宿，月亮每天住一宿，二十八天一个循环，与地上一月的时间相应。而且，月亮阴晴圆缺的变化与潮起潮落、女子的信水之期也有着直接的关联。这就是天人合一的妙理所在。

《礼记·月令》里写道：“仲春之月，乙太牢祀于高禖。”“太牢”就是以牛、羊、猪三牲作为天子祭祀社稷的祭品，在古代这是最高规格的祭礼。在每年的二月，百姓们都会用这种方式来祭祀女娲，感恩她的功德。

而在《周礼·媒氏》中提到一种民俗：“仲春之月，令会男女，于是时也，奔者不禁。”以前每年农历二月的时候，帝王会定下

---

① 古代将黄道和天赤道附近的天区划分为二十八个区域。二十八宿分成四组，并与东、南、西、北四宫及用动物命名的四象相配，而每宿又以宿名以及按照七曜（木、金、土、日、月、火、水）的顺序，即：

四象、七曜及二十八宿（星名对照表）							
	木	金	土	日	月	火	水
东方青龙	角木蛟	亢金龙	氐土貉	房日兔	心月狐	尾火虎	箕水豹
北方玄武	斗木獬	牛金牛	女土蝠	虚日鼠	危月燕	室火猪	壁水貐
西方白虎	奎木狼	娄金狗	胃土雉	昴日鸡	毕月乌	觜火猴	参水猿
南方朱雀	井木犴	鬼金羊	柳土獐	星日马	张月鹿	翼火蛇	轸水蚓

某一个日子作为少男少女聚会游戏的节日，并在乡间内划定一个区域，让这些情窦初开的少年一同踏春郊游，溯溪交友。在月明风清的夜晚，大家点上篝火，围在一起快乐地歌唱，诉说着仿佛永远都道不尽的慕春情怀。现在边远地区的少数民族，还保留着这种形式。我们都知道，春天是生发的季节，也是抒发情怀的季节，通过这样欢乐的方式，顺应四时之气，来效法天地生生不息的德行，也寄托了人们对女娲的感怀之情。

我们的生命，看似是一次平凡得不能再平凡的降落，实则每个人来到世间，都有着自己与生俱来的使命与责任。得人身难，生中土难，我们应该为“生而为人”感到幸福，为自己诞生在中土充满骄傲。女娲把祂殷切的嘱托，化作生命的烙印，融入了血液、骨骼、肌肤、细胞……于是，我们的举手投足，都如同是向天地在致敬。既然拥有了这副身躯，那便意味着，无论如何，我们都不能辜负祖先神明的期许，不能辱没“人”这个字的神圣意味——唯有光明无私的心，与无我利他的行为，才能回报这份巨大的创造之恩。

创造一个全新的维度，
后来称她为人间。
由浩瀚宇宙中陨落，
怎样才可以不要再飘远？

是因为一双手的出现！

舞动久远的螺旋，

游弋在玄天。

慈悲，泪眼……

第三章

女娲补天

乾坤秩序的重建

引语：

前一章，我们讲到了女娲抟土造人的故事，由此，我们的生命繁衍方式就被确立下来了。纵观历史，这无疑是浓墨重彩的一笔——一个新的时代因为人的诞生而徐徐展开了，就如同初生的婴儿，正步履蹒跚、摇摇晃晃地迈出了向前探索的第一步。历史从来都不是平坦的，它有荣盛时的欢喜，也有衰弱时的颓败。但正是这些迂回曲折的痕迹，在长久的岁月中，凝练出了华夏民族的灵魂，淬琢出中国文化的精神。如今，我们重新把目光投向那一片洪荒时的混乱，与当下灾祸不断的世象重逢——相信《女娲补天》的故事，会像一记当头棒喝，定能给予我们许多的经验与警示。

经典记载：

往古之时，四极废，九州裂，天不兼覆，地不周载，火爁（音揽）焱而不灭，水浩溔而不息，猛兽食颛民，鸷鸟攫老弱。于是，女娲炼五色石以补苍天，断鳌足以立四极，杀黑龙以济冀州，积芦灰以止淫水。苍天补，四极正；淫水涸，冀州平；狡虫死，颛民生；背方州，抱圆天。

——《淮南子·览冥篇》

女娲氏亦风姓，蛇身人首，有神圣之德；代宓牺立，号曰女希氏。无革造，惟作笙簧。故《易》不载，不承五运，一曰：亦木德王。盖宓牺之后，已经数世；金木轮环，周而复始。特举女娲，以其功高而充三皇，故频木王也。当其末年也，诸侯有共工氏，任智刑，以强霸而不王，以水承木。乃与祝融战，不胜而怒。乃头触不周山，崩，天柱折，地维缺。女娲乃炼五色石以补天，断鳌足以立四极，聚芦灰以止滔水，以济冀州。是地平天成，不改旧物。

——《史记三家注·三皇本纪》

白话解：

在远古之时，这个世界出现了一场空前绝后的灾难：支撑天地四方的四根柱子坍塌了，九州岛分裂破碎；天有所损毁，不能尽覆万物，地有所陷坏，不能遍载万物；地上的火势蔓延而不能熄灭，水势浩大而不能停止；凶猛的野兽经常出没残害百姓，许多的弱民因此而丧生。女娲知道了以后，便冶炼五色石来修补苍天，她砍断巨龟的脚用来撑起四方的大柱，杀死黑龙平定中原的祸乱，并以芦灰来堵塞住滔天的洪水。经过女娲的一番努力，天空的缺口被修补好了，天地间四方的柱子也重新竖立了起来；洪水渐渐地退去，中原大地上又恢复了平静。在猛兽凶禽被铲除后，人们终于又开始了他们幸福的生活。从此，天圆、地方变成了这个世界上永恒不变的格局。

而故事的另外一种说法，则是因为水神共工与火神祝融的一场战争，引发了这一场大灾难。而女娲用她的努力，使世界恢复了平静，一切又重新回到了井然有序的状态。

一、莲花之下

在开始介绍女娲之前，首先要了解一位同样伟大的女性，她就是伏羲与女娲的母亲——华胥氏。

在燧人氏[①]统治的时代，在一个名叫华胥的国度，有一名美丽的少女，她叫做华胥氏。有一天她外出玩耍，无意中来到雷泽[②]的附近，看见一个巨大无比的脚印。华胥氏十分地好奇，就

---

① 《古史考》："太古之初，人吮露精，食草木实，穴居野处，山居则食鸟兽，衣其羽皮，饮血茹毛，近水则食鱼鳖螺蛤，未有火化，腥臊多，害肠胃。于是有圣人以火德王，造作钻燧出火，教人熟食，铸金作刃，民人大悦，号曰燧人。"燧人氏，上古帝王，是钻木取火的始祖，发明结绳记事。

② 《史记三家注·三皇本纪》："太皞庖牺氏……母曰华胥，履大人迹于雷泽，而生庖牺于成纪。"又《史记·五帝本纪》："舜耕历山，渔雷泽。"

试着踩了上去，忽然之间身体便有了受孕的感应，传说她怀胎十二年，生下了太昊伏羲氏[①]。在《帝王世纪》中写道："燧人之世，有大人迹出雷泽，华胥履之，生庖羲氏于成纪也。蛇身人首，有圣德，为百王先。"这个故事在今天，人们听了之后都难以置信，太神奇了！但是，这确确实实是上古人神交合的一种方式，十分纯洁，不需要父精母血的阴阳和合便能孕育出比我们现在高级许多的生命。其实，在维度更高的天界里，天人和合的过程连这样具体的一个动作也没有，也许是一个眼神，或是一个念头而已[②]。知道了这些"不可思议"的现象，我们就应该开始反思，到底是什么让人类的生命堕落成现在这个样子？

女娲和伏羲是兄妹，他们都姓"风"[③]，万物因风而起，随风而生。庄子云：大块噫气，其名为风。也就是宇宙的初始变化的状态。人类祖先的变化与宇宙的变化当然是同宗同源。

风，即是华夏第一个姓氏，也喻示着他们这两位母神和父神，共同创造了灿烂辉煌的中华文明。其中，伏羲氏代表父，为阳，

---

① 《拾遗记》："春皇者，庖牺之别号。所都之国，有华胥之洲。神母游其上，有青虹绕神母，久而方灭，即觉有娠，历十二年而生庖牺。"

② 《大正新修大藏经·No.2241·理趣释秘要钞第一》："俱舍颂第十一云……唯六欲天受妙欲境。于中初二依地居天。形交成淫。与人无别。然风气泄热恼便除。非如人间有余不净。夜摩天众才抱成淫。都史多天（兜率陀天）但依执手。乐变化天唯相向笑。他化自在天唯相视成淫。"

③ 《汉书人表考·卷二》引《春秋世谱》："华胥生男子为伏羲，女子为女娲。"《史记三家注·三皇本纪》："太皞庖牺氏，风姓……女娲氏亦风姓。"

为天；女娲代表母，为阴，为地。这两兄妹的身上，是阴阳分化后两股能量具象的体现。

中国人自古以来都被称为“华夏民族”：“华”指的是“神母”华胥氏，她对这个民族有生养之恩，每个人都是从她的血脉里派生出来的子孙。“夏”的篆书是“”，《说文》中的解释为“中国之人也”，为人头、手、足的象形，一个人从上往下走的样子。即是中原、中土、中国之人。

大禹①之子帝启②建立的夏朝，是中国的第一个朝代。所谓“人身难得③，中土难生”，中原纳五德而弘礼教，远蛮夷而四方朝。我们能够生于斯，长于斯，是一种莫大的缘分和幸福。更为重要的是，“华夏”这两个字高度地概括了我们民族的起源：“华夏”

---

① 《史记·夏本纪第二》：“夏禹，名曰文命。禹之父曰鲧……禹者，黄帝之玄孙而帝颛顼之孙也。”尧在位时，天下洪水滔天，浩浩荡荡，命鲧治理，九年而不力。后舜命禹治水，禹考察各地山川地形，疏通河流，平定水患，划定九州，然有功而不自居，被帝舜荐为继任者，禹让于舜之子商均，民皆归禹，故有夏。史称大禹。

② 《史记·夏本纪第二》：“夏禹十年，帝禹东巡狩，至于会稽而崩。以天下授益。三年之丧毕，益让帝禹之子启，而辟居箕山之阳。禹子启贤，天下属意焉。及禹崩，虽授益，益之佐禹日浅，天下未洽。故诸侯皆去益而朝启，曰‘吾君帝禹之子也。’于是启遂即天子之位，是为夏后帝启。”夏启是夏禹的儿子，大禹驾崩后让天下于臣子益，天下却主动归顺于启，启登帝位，由此华夏民族开始了家天下的时代。

③ 《大正新修大藏经第12册·No.0374·大般涅槃经·卷第二十三》：“世有六处难可值遇我今已得……何等为六。一佛世难遇。二正法难闻。三怖心难生。四难生中国。五难得人身。六诸根难具。”

谐音“花下”，祖先早已从文字中确切地说明，这个民族是从莲花下生而来的[1]，他们与生俱来便肩负着伟大的使命，那就是让生命由“下生”变成“上生”，要带领着所有人一起回归到那个莲花盛开的国度去——回到生命还没有开始的地方，那里没有痛苦、没有忧愁，处处仙乐流畅，欢喜吉祥。

二、阴阳孕媾

华胥氏在世时，人类遭遇到了灭顶的灾难，世界上只剩下伏羲和女娲，于是这对兄妹面临着选择，要么人类从此灭绝，要么就通过他们来继续繁衍下去，延续华夏的血脉。[2]

眼前的抉择非比寻常，华胥氏便祈请上天，希望听从上天的旨意。相传她用了两个方法来验证：第一是在东山、西山各点起

① 《长阿含经》曰：“天地始终。劫尽坏时。众生命终皆生光音天。自然化生。以念为食。光明自照。神足飞空。”光音天为二禅天之顶，人人皆坐于莲花之上修习禅定。

② 《帝王纪》：“复遥百劫，人民转多，食不可足，遂相欺压。强者得多，弱者得少，地肥神圣，化为草棘。人民饥困，递相食，天知此恶，即下洪水荡除，万人死尽，唯有伏羲，得存其命，进称天皇丞后。”“伏羲、女娲，因为父母而生，为遭水灾，人民死尽，兄妹二人，依龙上天，得存其命。见天下荒乱，惟金岗天神，教言可行阴阳，遂相羞耻，即入昆仑山藏身，伏羲在左巡行，女娲在右巡行，契许相逢，则为夫妇，天遣和合，亦尔相知。伏羲用树叶覆面，女娲用芒花遮面，共为夫妻。”

一堆火，如果烟气交织在一起，他们兄妹便结合；如果两团烟气直冲上天，那么人类就此灭绝。第二是一人拿石磨，一人拿磨盘，站在两个山上，同时将手中的磨、盘往山下滚，如果正好能够合在一起，这便预示着生命将得到延续[①]。流传下来的说法有很多，但不论是什么版本的故事，无非皆是说明这是天意使然。所以，在历史上他们兄妹相婚，教子民结网罟[②]，卜八卦[③]，制笙簧[④]，共同开创了人类的婚姻制度[⑤]。

在上古天人合一、万物混成的状态下，尚未出现儒释道等五

---

① 《独异志》："昔宇宙初开之时候，只有女娲兄妹二人在昆仑山，而天下未有人民。议以为夫妇，又自羞耻。兄即与其妹上昆仑山，咒曰：'天若遣我兄妹二人为夫妻而烟悉合；若不使，烟散。'于是烟即合。其妹即来就兄，乃结草为扇以障其面。"《中国民间故事集成·甘肃卷·010. 伏羲女娲成婚》中也记录了三个版本的甘肃省民间所流传关于伏羲女娲滚磨测天意以延续人类生命的传说。

② 《史记三家注·三皇本纪》："太皞庖牺氏……造书契，以代结绳之政。于是始制嫁娶，以俪皮为礼。结网罟，以教佃渔。"人文始祖伏羲教民作网渔猎。

③ 《周易·系辞下》："昔者包牺氏之王天下也，仰则观象于天，俯则观法于地，观鸟兽之文，与地之宜，近取诸身，远取诸物，于是始作八卦，以通神明之德，以类万物之情。"《古三坟》："伏羲氏，燧人子也，因风而生，故风姓……龙马负图，盖分五色，文开五易，甲象崇山。天皇始画八卦，皆连山，名《易》。君臣民物阴阳兵象，始明于世。"太昊伏羲氏画八卦，为《连山易》。

④ 《博雅》引《世本》："女娲作笙簧。笙，生也，象物贯地而生。以匏为之。其中空而受簧也。"上古女娲用细竹做成吹管乐器，名笙簧。《中华古今注·卷下·问女娲笙簧》："问曰：'上古音乐未知，而独制笙簧，其义云何？'答曰：'女娲，伏羲妹，蛇身人首，断鳌足而立四极，欲人之生而制其乐，以为发生之象。其大者十九簧，小者十二簧也。'"

⑤ 《绎史·卷三》引《风俗通》："女娲祷祠神祈而为女媒，因置昏姻。"

教派别，更何况是道德仁义礼智信的伦常纲领呢？那个时候的情形，非现代人的思维所能想象的，更不能以后世的观点来论断和评判。从此，人类都是以这种阴阳交合的方式来延续后代的，这可谓是其发展历程中无比重要的一页。

现在的新疆维吾尔自治区博物馆内，就藏有一幅唐代的伏羲女娲图。图中夫妻二人皆是人首蛇身，尾部相缠在一起，伏羲右手持矩（方），女娲左手持规（圆）[①]，示现天圆地方、阴阳和合的法相[②]。人们常说“没有规矩，不成方圆[③]”，最早便出自于此。伏羲所持之矩是用来丈量太阳照射到地上的影子长度，衍伸为后来的一日十二时辰、一年二十四节气[④]；女娲所持之规，一周三百六十度，是用来研究天象，观测周天星辰的运行变化的[⑤]。而我们中国最早的历法[⑥]就叫“伏羲女娲

---

① 《周礼·考工记》：“圆者中规，方者中矩。”

② 《道德经》：“万物负阴而抱阳，冲气以为和。”

③ 《孟子·离娄上》：“不以规矩不能成方圆。”

④ 《前汉书·律历志》：“矩者，矩方器械，令不失其形也。”

⑤ 《前汉书·律历志》：“规者，所以规圆器械，令得其类也。”

⑥ 《汉书》：“历谱者，序四时之位，正分至之节，会日月五星之辰，以考寒暑杀生之实。”历法有阳历、阴历和阴阳合历，中国的农历是阴阳合历，既有根据太阳运行规律所得的节气，又有根据月亮运行规律所得的春节、端午、重阳等节日。历法是国家运行和人民进行农耕的根本依据，是生活的基础，自古帝王开国，测定历法都是最重要的一件事情，整个王朝的运行都以此为据。

历[1]”。可见，女娲和伏羲不仅仅确立了人类的婚姻制度，还制定了历法，确立了这个世界的架构。他们为了后世子孙的生活，建立出一套健全而完善的时空体制，奠定了人类生命模式和生存模式的基础。

追根溯源，再看“道”这个字，篆书为“”，从头到尾就是人首蛇身的象形，类似于蝌蚪一样，这就是生命最原始的形状。说明伏羲女娲他们两个的生命是最接近“道”的源头的。《道德经》[2]云：“道生一，一生二，二生三，三生万物。”这寥寥几字便概括了道体从一变三、万物由简入繁的过程。人类历史不过是道体中的沧海一粟，也遵循着同样的演化规律。所以，从道所生的神明，即使名字不叫“伏羲”“女娲”，但依然会以“人首蛇身”来示现，

---

① “太昊伏羲氏始作甲历以定岁时”“伏羲作甲历定岁时起于甲寅干支相配为十二辰六甲而天道周矣岁以是纪而年不乱月以是纪而时不易昼夜以是纪而人知度东西南北以是纪而方不惑”的记载【< 古今图书集成 · 岁功典第一卷 · 岁功总部汇考一 · 上古 >.P2.】又有女娲继承伏羲氏制度之说。又在李零著作《长沙子弹库战国楚帛书研究》中考证：“伏羲和女娲所生四子。在帛书中，这四子是主要角色。他们是四位从远古一直到夏、商，时代相袭、掌守天地之职的神官，被称为“四神”。夏商时，四神失其职守，致使天地隔绝，山陵不通，不得不由山川四海之神出来疏导山川。未有日月之时，他们曾分守四方，‘步以为岁’，授民以时。后来，过了很久，有了日月，但九州不平，他们又出来立极安天。”又有说伏羲“初置元日”，即初造历法，即《上元太初历》。

② 《道德经》又称《老子》、《道德真经》。作者春秋时期老子，名李耳，又名老聃，太上老君八十一化之一，过函谷关留下五千言《道德经》流传后世，被奉为道家思想的创始典籍，老子也被尊为道家思想创始人，孔子曾向老子请教，故《师说》中有“孔子师郯子、苌弘、师襄、老聃”。

因为事相和道理是一体而一致的。

古代称“女娲”，只单称一个“娲”字。《说文解字》云：“娲，古神圣女，化万物者也。”“神圣”二字并用，含义可就大有不同了。所谓“神于天，圣于地①”，代表了天地间两种至高德行的总和。“娲”的篆字为“”，左半边是一个“女”的象形字，突出了女性最明显的身体特征——双乳，强调了女子的生养哺育之德；弯腰低俯的形态恰似女子柔顺的天性：大地永远以最谦卑的姿态承载着万物的成长；母亲也总是把自己放在了最低下的位置，以无私无我的爱默默陪伴在子女的身旁。

古语有云“女子无才便是德②”，这句话历来被人误解极深，到近代竟成为了“宣扬男权、压制女权”的封建标志了。其实不然，老祖宗要告诉我们的并不是这个意思。它是在提醒着天下的女子，切勿恃才傲物，要恪守本分——培育坤德。才华横溢固然令人称赏，晋有谢道韫③，宋有李清照④，这都是历史上赫赫有名

---

① 《艺文类聚》卷一引《三五历纪》：“盘古在其中，一日九变，神于天，圣于地。”《周易·系辞上》：“阴阳不测之谓神。”《渊鉴类函·卷二百六十八》引《风俗通》：“圣者，声也，通也，言其闻声知情，通于天地，调畅万物。”

② 张岱《张岱诗文集·公祭祁夫人文》：“眉公曰：‘丈夫有德便是才，女子无才便是德。’”

③ 谢道韫，字令姜，东晋女诗人，宰相谢安的侄女，著名书法家王羲之儿子王凝之的妻子。《三字经》中有：“蔡文姬，能辨琴。谢道韫，能咏吟”，是中国古代才女的代表人物之一。

④ 李清照，号易安居士，宋代著名女词人，婉约词派代表，有“千古第一才女”之称。著有《易安居士文集》、《易安词》、《漱玉词》等。

的女才子。但是，即使一名女子再有才华，若没有坤德，在古人的眼里，还不如一名为家族延续香火的市井妇人伟大呢！至少她还完成了生命的创生。“无才”不是劝人摒弃才华，而是不要把才华看得太重要；天地之大德曰生[①]，效法天地就是女子最大的德行。所以，每一位母亲都值得我们心生尊敬。

在人类的发展史上，母系社会出现在父系社会的前面，是氏族社会[②]的第一个阶段。那时，女性在社会和家庭中起到了主导性的作用，男子一般外出狩猎，相较于前者，女子的工作更加稳定，她们主要负责采集食物、缝制衣服、养老育幼等等的繁重任务。往往子女跟随在母亲的身边，却“只知其母不知其父”。到了后期社会生产能力的发展，男子才渐渐变成了社会的核心力量。

目前中国，像在云南边远地区的摩梭族[③]人，依然保留着“走婚”的婚姻制度。所谓“走婚”，顾名思义，就是来回奔走维系感情的意思。摩梭人终生都在各自的母系大家族中生活。在男女二人确定了“走婚”的关系后，男子便会在结束了一天的劳作后来到女子家中过夜，待清晨日出时又再回家继续工作。如果有了

---

① 引自《周易·系辞下》。

② 氏族是以血缘关系为纽带形成的社会共同体，产生于旧石器时代晚期。依照计算其世系划分氏族的方式可分为母系氏族和父系氏族；氏族为母系氏族的社会状态为母系社会，氏族为父系氏族的社会状态为父系社会。

③ 摩梭族是居住在中国云南四川边界一带的少数民族，是至今中国仍存在的母系氏族社会，实行“男不娶，女不嫁”的“走婚”制度。

孩子，便归由女方的家族抚养。当家主母对待家族中的子孙都视如己出，不分彼此，以至于孩子们甚至都弄不清楚谁才是自己的亲生母亲了。不论男女，“家族和谐”就是摩梭人心里最重要的价值观。

三、往古历劫

《女娲补天》的开头以一句“往古之时”便将故事发生的时间模糊带过了，如同佛经中常常出现的“一时[①]”一样，带出轻微淡远、恍若隔世的意味，让人捉摸不透。

那么，“往古之时”到底是什么时候呢？

“古”字的上半部是个“十”字，“一”代表古往今来的时间概念，“|”代表上下四方的空间概念，“十”代表了一个时空建立起来的完整周期。人们常用“十全十美”这个词来形容事情达到最完美的状态，正是因为它的发展周期圆满地走过了一圈，没有

---

① 佛教经典多以“如是我闻：一时，佛在舍卫国祇树给孤独园，与大比丘众千二百五十人俱”类似的形式为开头，地点会变，参与法会的人群，人数也会变，不变的是表明阿难转述是这样从佛陀那里听来的“如是我闻”和这个“一时”。佛教是三千大千世界观，没有一个具体的时间，佛是三界导师，人天教主。佛说法如狮子吼，法界之内，悉皆遥闻。在不同的维度，时间概念都不相同，故而没有一个具体时间。一时”就是“时时”，一刹那间便统摄无量劫，一刹那就和永远是相合的，和永恒是一致的，时空只是人们对这个世界的一种假想。所以可以把“一时”说成是现在，即当下时空。——《琉璃慧光》（易菁　著）

任何的缺陷和遗憾了，所以才是最“完美”的。天地自然的规律历经了一圈复一圈的周期，从未改变，这就是“古”的含义。新者易作古，古者未尝不新。凡是能称“古”的，都是时间弥远而历久常新的，如“古籍”“古法”“古人”“古色古香”，它们的精神、魅力和能量，无论在哪一个时代，都能焕发出动人的生命力，起到无穷的作用，这也是令人们敬畏和尊崇的原因。

印度人从来都不重视时间的概念，因为他们认为时间虚妄无比，每一个生命都拥有过去、现在和未来①。过去不可追忆，当下即将变成往事，未来还未到来，这三者都是不可执着的②。生命就像是一支单曲循环的乐曲，在这三者的不断转换之中陷入困顿的境地，与喜怒哀乐交织在一起，难分难舍。唯有明白“正视过去是为了当下的觉醒，把握当下是为了决定未来”的道理，才有机会让生命从中解脱。

所以“往古之时”这一点包含了过去、现在和未来，是指人类整体的生命历程。过去、现在乃至于未来的任何一点都是时空的交叉点，历史一直在惊人地重复，任何一个时空点发生的灾难可能发生在过去、现在乃至于未来。而解决灾难的办法永远

---

① 《大正新修大藏经·第11册·No.0310·大宝积经》：“所谓过去未来现在。云何过去世。若法生已灭。是名过去世。云何未来世。若法未生未起。是名未来世。云何现在世。若法生已未灭。是名现在世。”

② 《金刚般若波罗蜜经》：“过去心不可得，现在心不可得，未来心不可得。”

只有一个，它应用在过去、现在、将来都同样有效，这就是“规律[①]”。把握住这个规律就能掌握历史发展的脉络，把握住转瞬即逝的现在，把当下的这一点星火，变成宇宙中永恒的光辉。

接下来的几句就在描述这场大灾难带来的惨重后果。

首先，“四极废”，就是天地的运行法则遭到了破坏，时空由有序变得颠倒；失去了标准，万物无法正常地生长，人类也无所适从，陷入极度的恐惧之中。这里有指空间[②]的四极：东、西、南、北，就是以中央为标志往外发散的四个方位；还有指时间的四极：春分、夏至、秋分、冬至[③]。它们在斗建乾坤终始图[④]上处于四个正位，两两连成一线，正好是一个“十”字，表示世界的基本结构。在人的身上，也有四端与其对应，分别为仁、义、礼、智[⑤]。天地

① 规律就是事物之间内在的必然联系，是一种本质、稳定且反复出现的关系，决定着事物发展的趋向，是事物实相。

② 《文子·卷第八·自然》：“往古来今谓之宙，四方上下谓之宇，道在中而莫知其所。”这里的“宇”指的是空间，“宙”指的就是时间。

③ 斗建乾坤终始图：依十二消息卦的排列，阐述阴阳的相互交替与消长变化，阐述生命最基本规律，生生不息的运转。其中含纳太极生两仪，两仪生四象的变化规律。还反映出十二地支、十二音律以及二十四节气与十二消息卦的对应关系。

④ 用图文的方式表述：以北斗的运转规律来创定的天地万物运行规律的建制。

⑤ 《孟子·公孙丑上》：“无恻隐之心，非人也；无羞恶之心，非人也；无辞让之心，非人也；无是非之心，非人也。恻隐之心，仁之端也；羞恶之心，义之端也；辞让之心，礼之端也；是非之心，智之端也。人之有是四端也，犹其有四体也。”《孟子·告子上》：“恻隐之心，人皆有之。羞恶之心，人皆有之。恭敬之心，人皆有之。是非之心，人皆有之。恻隐之心，仁也；羞恶之心，义也；恭敬之心，礼也；是非之心，智也。仁、义、礼、智，非由外铄我也，我固有之也，弗思耳矣。”

的四极在是支撑着世界的正常运行，而人的这四种德行是维护生命不往下堕落的“保护网”。所以，“四极废”是一个从内而外的现象，首先是因为人心道德的衰危，才会感召至这一场世纪浩劫。天心即是人心，人心即是天心。我们的生命里具备与天地相通的能量。事故的发生并不是偶然，必定是因为自己的行为有缺失的地方。无论是大灾来临，还是小事缠身，都应该看做是上天给我们的提示，而化解它的途径便是“诸恶莫作，众善奉行，自净其意[①]”！

古代讲“天圆地方”，为什么天是圆的、地是方的？在中学的地理课本上，将天圆地方具象地比喻成“盖天说”，我们却有不一样的理解。地方，表示大地有空间和方位：东、南、西、北、东北、西北、东南、西南。四正、四隅合起来是八方，八方对应八卦：震、离、兑、坎、艮、乾、巽、坤[②]。《易经·系辞传》[③]首篇便写道“方以类聚，物以群分”，因为大地上有不同的方位，使得产生了各种的差别。大自然像一位神奇的魔术师，它依照万物不同的属性，将其分门别类，同类的就聚合在一起，于是形成了各地不同的人文风俗、饮食习惯、特色物产。北方人豁达，南

① 《大正新修大藏经·第25册·No.1509·大智度论》：“随相门者，如佛说偈：‘诸恶莫作，诸善奉行，自净其意，是诸佛教。’”

② 后天八卦方位：震卦，正东；巽卦，东南；离卦，正南；坤卦，西南；兑卦，正西；乾卦，西北；坎卦，正北；艮卦，东北。

③ 《系辞传》总论《易经》大义，解释了卦辞、爻辞的意义，又论述了揲筹求卦的过程，用数术方法解释了《周易》筮法和卦画的产生和形成。

方人细腻，连人的生命也被这个那个的“地方”烙上了深深的印记。所谓一方水土，养一方人。

那为什么天是圆的？天圆，表示时间，形容它周而复始的状态。来看我们的斗建图，就是一个圆的。十二个月份转完一圈，又是新的一圈，春夏秋冬过后，还会再来。曾有诗人感叹道：“人面不知何处去，桃花依旧笑春风。[①]”借用这句很美的诗就可以说明道理，故人已去，但枝头的桃花依然应春气而开得艳丽，完全不解诗人惆怅的心意。这就是自然的规律，人也身处其中。

大历史就像车轮一样轮转着，永不停息，佛教[②]里用“轮回”[③]这个词来形容。古代小孩子满一岁的时候要“抓周”，在桌上摆满了各种物品，让小孩子来选，预测他未来的性格命运[④]。为什么

---

① 《全唐诗·卷三六八·崔护·题都城南庄》：“去年今日此门中，人面桃花相映红。人面不知何处在，桃花依旧笑春风。”

② 佛教起源于两千五百多年前古印度迦毘罗卫国（现在的尼泊尔）太子乔达摩·悉达多（佛号释迦牟尼佛）独觉成就。佛陀在大约公元前6世纪对于佛弟子所开示的教导，后来发展为宗教，为世界三大宗教之一。佛，亦指觉者。众生依止佛陀的教育，看透生命和宇宙的真相，最终超越生死和苦、断尽一切烦恼，得到究竟解脱。

③ 轮回，梵语音译为“僧娑洛”，翻译过来即是“生死相续”、“轮回转生”的意思，众生据自己所种下的业因，各招感而得在三界六道中辗转生死的果报，这就如同车轮一样，来回地轮转，若不以佛法自救，则永无休止之日。

④ 《颜氏家训·风操篇》：“江南风俗，儿生一期，为制新衣，盥浴装饰，男则用弓矢纸笔，女则刀尺针缕，并加饮食之物，及珍宝服玩，置之儿前，观其发意所取，以验贪廉愚智，名之为试儿。亲表聚集，致宴享焉……”《颜氏家训集解（王利器撰）》注曰：“今四川试儿谓之抓周。”

叫“抓周”呢？就是周而复始的意思。佛教认为，每个生命来到这个世界上，都带着过去的信息。上辈子喜欢干什么，这辈子还是喜欢干什么，这是先天带来的。看似是人在自主地规划自己的一生，实际上，背后有着无数数不清道不明的因素牵扯着我们的一举一动。要想超越轮回，打破这个时空带给我们的束缚，就只有精进地修行，才可以获得真正的“自由”。

天道的秩序紊乱了，地上也发生了巨变。所谓“九州裂”，在《尚书·禹贡》[①]中记载九岛为：冀、衮、青、徐、扬、荆、豫、梁、雍。相传，大禹用九种土壤（白壤、黑坟、白坟、赤埴坟、涂泥、涂泥、壤、青黎、黄壤[②]）来治理水患，并将天下定为九州[③]。九州加在一起，被称为“震旦[④]”。在春秋战国时期，出现

---

① 《尚书》，又名《书》、《书经》，是儒家五经之一，《孔传》解释为“上古之书”。《尚书》是一部先秦文献汇编，基本内容以上古及夏、商、西周君王的文告和君臣的谈话记录为主。

② 《尚书·禹贡》：“冀州……厥土惟白壤……兖州……厥土黑坟……青州……厥土白坟……徐州……厥土赤埴坟……扬州……厥土惟涂泥……荆州……厥土惟涂泥……豫州……厥土惟壤……梁州……厥土青黎……雍州……厥土惟黄壤。”

③ 《尚书·禹贡》：“禹别九州岛，随山浚川，任土作贡。”

④ 佛教经典中对中国的称呼。《大正新修大藏经·第54册·No.2131·翻译名义集》：“河以东名为震旦。以日初出。耀于东隅。故得名也。”又“东方属震是日出之方。故云震旦。”《佛说灌顶经·卷六》：“阎浮界内有震旦国，我遣三圣在中化导，人民慈哀礼义具足，上下相率无逆忤者。”

了百家争鸣的局面。有一派名为阴阳家[①]，专讲阴阳五行、天干地支[②]、八卦九宫的道理。其代表人物是邹衍[③]，他对世界的结构提出了一个新的观点。《史记·孟子荀卿列传》写道："以为儒者所谓中国者，于天下乃八十一分居其一分耳。中国名曰赤县神州。"中国的"小九州"仅仅是天下的一小部分；世界的"大九州"有九个"小九州"这么大，九九八十一州，合称为赤县神州[④]。而《山海经》[⑤]里写道，上古时期，这个世界由一块完整的大陆组成，大陆的正中间是昆仑山（是连接天地之间的大柱子），其中按方位分出了好多的支脉，每条支脉上有若干座小山，每座小山上都长着不同的花草，有各种善恶奇异的野兽在那里居住……

有现代的科学家专门研究《山海经》，他们惊异地发现：在美

---

① 阴阳家是盛行于战国末期到汉初的一种思想流派，齐国人邹衍是其代表人物，阴阳家的学问被称为"阴阳说"，其核心内容是"阴阳五行"。

② 十天干为甲、乙、丙、丁、戊、己、庚、辛、壬、癸，十二地支为子、丑、寅、卯、辰、巳、午、未、申、酉、戌、亥，天干象天，地支法地。《三命通会》："夫干犹木之干，强而为阳；支犹木之枝，弱而为阴。"由天干地支组成的干支纪年法又称六十甲子，是中国人纪年的重要方式。

③ 邹衍（约公元前305年—公元前240年）是中国战国末期齐国人，阴阳家学派创始者与代表人物

④《洞玄灵宝诸天世界造化经》："其黄曾天下，凡有九州岛，皆以小海环之，流通昆仑大海。我今教化之处，名曰赤县小洲，中为九州岛，法彼大洲者也）

⑤ 中国先秦古籍，主要记述的是古代神话、地理、动物、植物、矿物、巫术、宗教、历史、医药、民俗及民族等方面的内容，是华夏本土文明世界观的源头经典。

国西部科罗拉多大裂谷的里面有座山，山上所有的物产、动物以及它们的生活习惯都在《山海经》里有过描述。因此，他们确信，大陆最早是连在一起的，《山海经》描述的就是赤县神州时地球大陆统一的状态。但书中也只是讲了一部分，重重山的外面是重重海，所以才以“山”“海”命名。很多人读不懂这本书，是因为总是把它和我们所处的这个世界对照。其实山经的部分在说我们的现实世界，而其他的大部分包括海经都在谈外太空，只不过维度不同，人类看不到、不知道而已。佛教里描述世界的构成：须弥山下和海连接的部分，外圈有七重金山七重大海，就是《山海经》所描述的地方。

世界观不同，观到的世界就不同。心量大小之别，认识宇宙就有范围的区别。觉性的差异，决定了感知维度的差异。

在中国文化里，四象[①]中南方的神兽是朱雀。对应的《山海经·海外南经》中有一段，“羽民国在其东南，其为人长头，身生羽。一曰在比翼鸟东南，其为人长颊”。羽人国的生命都是人首鸟身，正好与朱雀之形相应，如果再往外，地球上就找不到了。读了《山海经》，人们才知道自己生活的地方是这么渺小，还有许多不同形式的生命与我们共存。从那时起，就好像有一把无形

① 古人把28宿东、西、南、北四方每一方的七宿想象为四种动物形象，叫作四象。四象在中国传统文化中指青龙、白虎、朱雀、玄武，分别为少阴、少阳、老阴、老阳的具象代表。

的大斧，把大地劈成破碎的几瓣，完整的大陆开始分裂了。如今，现代科学已经证实了“大陆漂移说[1]”的正确性，但中国人已经比西方早知道了数千年。

说完世界大格局的变动，我们来看小世界里的状况。

“天不兼覆，地不周载”，天对应乾卦，为阳，为父，覆昌万物是它的特点；地对应坤卦，为阴，为母，起到承载万物的作用[2]。世界上的一切事物，无不在天的覆盖之下，所以人们常用“苍穹”来形容它的广袤无边。但是“天不兼覆”，这可出了大问题！“兼”字的篆书“”，是一只手抓住两束禾苗的象形，是执持的意思[3]。如今天空出现了缺口，已经不能完全地覆盖，就像现在臭氧层在南极洲的上空，出现了一个巨大的漏洞，万物失去了保护的屏障。如果不去修复，将来南极洲所有的冰融化后，世界的海平面将上升 70 米，将有三分之二的陆地被水淹没，再一次出现上古时期的水轮之灾。

本来所有的东西都在大地母亲的怀抱中安然，但“地不周载”，连大地也失去了强大的承载力量，出现了裂痕、塌陷，无

---

① 解释地壳运动和海陆分布、演变的学说。地球上所有大陆在中生代以前曾经是统一的巨大陆块，称之为泛大陆或联合古陆，中生代开始分裂并漂移，逐渐达到现在的位置。

② 《礼记·中庸》：天之所覆，地之所载。

③ 《说文》兼者，并也。从又持秝。

法维持人类的正常生活状态。就如同年幼的孩子一旦离开了母亲的呵护，其危险可想而知。地离人是最近的，正如子女与母亲最亲近；父亲则多了份威严，他与子女的关系稍微要远些的，所以人类离天的距离更远。父为天，母为地，每个家庭都有天地人这样的微缩关系、对应关系。如果家庭里发生了变故，父母没有在正确的位置上扮演正确的角色，就会对孩子产生非常直接的影响。天地和万事万物的关系就是这样对应的。

大地属土，我们的文化里常讲“土包四德[①]”，这是什么原因呢？

按五行[②]相生的顺序来排，是木、火、土、金、水。《尚书·洪范》里对五行特性的描绘：“木曰曲直，火曰炎上，土爰稼穑，金曰从革，水曰润下。”“天一生水”，水是世界上最先生成的物质[③]。东方甲乙木，木德为仁，仁是五德之首，伏羲女娲以木德王天下，对应的东方、泰山青阳之位。水和木都是五行中的“佼佼者”，但我们会发现，谈到木、火、金、水四者时，皆用一“曰”

---

① 《五行体性论》云：土在四时之中，处季夏之末，阳衰阴长，居位之中，总于四德，谓金木水火。积尘成实。积则有间，有间故水火成实所能持也。故土以含散持实为体，稼穑为性。又曰：土包四德，故其体能兼虚实也。

② 《尚书·洪范》：“五行，一曰水、二曰火、三曰木、四曰金、五曰土”；“水曰润下，火曰炎上，木曰曲直，金曰从革，土爰稼穑。”源起于河图、洛书之数，指金、木、水、火、土。古人认为这五种物质构成了世界万物。

③ 《尚书大传·五行传》天一生水，地二生火，天三生木，地四生金。地六成水，天七成火，地八成木，天九成金，天五生土。

字；唯独论土之性时，用的是“爰”字。“曰”和“爰”有何差别？所谓“曰”，是在直接地描述这类事物的特征。“木曰曲直”，曲曲直直地生长是木类的特性；“火曰炎上”，火最大的特点就是向上延伸，无论把火柴怎么放，它的火焰永远是朝上的。与之对应的是水，水往低处流，从不攀援附上，以其谦下的姿态润泽万物。“金曰从革”，金代表了杀伐和变革，推陈出新。只有形容土的时候，是透过另外一件事物的变化来描述它的体性的。爰者引也，引申、延展之意。稼穑，即是播种与保藏[①]。大地的对万物的爱是无私的，当我们把种子埋在地底时，无论是粮食还是野草，她都一应地为它们提供生长的土壤，都能结出成熟的果实。这就是她最了不起的德行！

在天为道，在地为德。其余的四种品德都是以土德为基础化现出来的。为什么土性具备这种稼穑的能力？因为土有两个特点，一是“有间”，有松软的空间，种子才能种得下去。二是“能持”，除了有足够的空间外，她还能永远保有执持种子本身的特性，不坏不灭，给予了每个生命最大的支持。

我们伸出手掌，五个手指同样可以与五行对应。拇指属脾土，食指属肝木，中指属心火，无名指属肺金，小指属肾水。观察一下写字时毛笔怎么拿的？执笔有五法，擫、押、钩、格、抵，其

① 《说文》爰，引也。稼穑：春耕为稼，秋收为穑。

中，拇指一个指头和其它四指相合，起到了最关键的作用，所以拇指为土。剩下的按顺序排列，食指为木，中指为火，无名指为金，小指为水。

阴阳家邹衍还提出了“五德终始[①]”的学说。在尧舜之前，朝代的更迭是按照五行顺生的次序进行的，尧舜之后，是以五行相克的顺序来交替的。上古的五帝分别是太昊伏羲氏、炎帝神农氏、黄帝轩辕氏、少昊金天氏、颛顼高阳氏，各自分别以仁义礼智信的崇高德相，被确立为人间部族的首领；但他们并不是单独的个人，而是“朝系”的概念。太昊伏羲氏是伏羲朝的第一位帝王，他以木德王天下。太昊没，女娲继之。这一朝便会出现许多同样是以木德盛称的帝王，来统治一段很长的时间。后来，木德衰微，炎帝神农氏便取代了这个位置。当帝王的德行无法再承载天下的时候，改朝换代便成为了历史的必然，如此相续不断。所以，至今也没有人能知道，五帝时期到底经历了多少年。总之，中国的历史远远不止“上下五千年”，它仍有很长的时空值得我们探索。

五帝中，黄帝是以土德王天下的。当一位帝王某种德行尤为显著时，大地便有相应的事物显现以应和此事。《吕氏春秋·应

---

① 阴阳家邹衍的历史观。“五德”指木、火、土、金、水五种德性或性能。“五德终始”指这五种性能从始到终、终而复始的循环运动，邹衍以此作为历史变迁、王朝更替的根据。

同》[①]就写道："黄帝之时，天先见大螾大蝼，黄帝曰'土气胜'，土气胜，则其色尚黄，其事则土。"传说在黄帝轩辕氏在位时，有大臣报告，百姓在耕作时，从泥土里翻出大蚯蚓，像黄龙一样，这就是当朝天子土德旺盛的体现。

四、水火不济

"火爁炎而不灭，水浩溔而不息"大火曰炎[②]，重重的火焰直冲上天，没有办法熄灭。巨大的汪洋泛滥成灾，从来没有停止。这和西方的《圣经》[③]里描述的诺亚方舟[④]很相似，大水将要把整个地球都淹没了，生灵岌岌可危。火者为阳，水者为阴，水火失去了控制，就是阴阳失调的表现。

佛教认为这个世界由四种基本的元素组成，又叫"四大"[⑤]：

---

① 《吕氏春秋》为秦国相国吕不韦及其门人编纂而成。其内容涉及甚广，以道家黄老思想为主，兼收儒、名、法、墨、农和阴阳各先秦诸子百家言论，是传统文化中重要的经典。

② 《说文》："炎，火光上也。"

③ 犹太教与基督宗教（包括基督教、天主教、东正教）的宗教经典。犹太教的圣经是《塔纳赫》（被基督宗教称为旧约）。基督宗教的圣经是旧约与新约。

④ 《圣经》中诺亚制造的大船，其依原说记载为方形船只，但也有许多的形象绘画描绘为近似船形船只，其建造的目的是为了让诺亚与他的家人，以及世界上的各种陆上生物能够躲避一场上帝因故而造的大洪水灾难。

⑤ 佛教术语，主要分为四种，地、水、火、风，被认为构成世界一切事物的基本因缘，包含山川大地等以及有情生命的身体，皆为此四大所构成。

地、水、火、风。最上面的一层、也是离我们最近的一层是地轮；承托着地轮的是水轮，地底下是大海，陆地的周围也都是海水；再下一层是火轮，其次是风轮；在最下面支撑着整个世界的是空轮[①]。但是这也不是永恒固定的，随着单位时间发生变化，这个世界格局也会发生变化。

佛教把这个时间单位叫做“劫[②]”，“劫”分很多种，有小劫（几十万年的历史）、中劫（几千万年的历史）、大劫（上亿年的历史）。小劫来临时，水轮上升，漫过大地，于是就会出现“水浩洋而不息”的大水灾。中国古代的大禹治水、西方的诺亚方舟等上古故事都是在讲水劫。中劫来临时，火轮上升，越过水轮，“火爁炎而不灭”，漫天的大火炙烤着大地，所有的东西都烧成了灰碳，世界面临毁灭。上古的火劫燃烧大地上的一切，造成了今天的煤炭。

另外，在《淮南子》[③]的另一篇中写道：“昔者，共工与颛顼

---

① 空轮：此世界最下底之虚空也。轮为圆满之义。《华严经》云：“三千大千世界，以无量因缘，乃成大地依于水轮风轮空轮，空无所依，众生业感，世界安住。”

② 佛教劫数：一个小劫，从人寿八万四千岁时开始，每过一百年减一岁，一直减到十岁，此为一减劫。然后从十岁开始，每过一百年增一岁，此为一增劫。一减一增为一小劫。二十个小劫为一个中劫。四个中劫为一大劫。

③ 又名《淮南鸿烈》，西汉皇族淮南王刘安及其门客集体编写。《淮南子》成于众手，内容广博，对政治、哲理、天文、地理、自然、养生、军事都有所论述，融合先秦诸子的思想，而以道家老庄为主，被视为诸子百家中杂家的代表著作。

争为帝，怒而触不周之山，天柱折，地维绝。天倾西北，故日月星辰移焉；地不满东南，故水潦尘埃归矣。”这是讲述火神[①]与水神[②]的一场战争，最后以共工的失败而告终，他怒极而猛触不周之山。共工的力气太大，连山的柱子都撞断了。不周山[③]是唯一一座连接着天地的山峰，是盘古开天地时没有被劈断，是连接天地的地方。共工撞断了这根擎天之柱，天地便失去了平衡，天往西北边倾倒，地向东南边倾斜。天倾西北：地球上穿过南极北极的地轴和太阳视运动的黄道面形成了一个夹角，是倾斜的，如果仅仅讲到地球地轴的变化那就太小了，地轴的假想线的无限延长（也叫天球轴），所穿过的星叫北极星（古代称北辰），而古人认为北辰（北极星）即是天帝所在，佛教称为忉利天主即帝释，道教称为玉皇大帝。

`可见天地之间不是这么小的，所以不仅撞断的是地球的不周山，是天地的“不周山”，共工把天地之间链接给撞翻了。天地原本直接往复的关系，现在形成了一个夹角，成为倾斜的关系，

---

① 本名重黎，号赤帝，帝喾时的火官，后尊为火神，命曰祝融。《史记·楚世家》：“高阳生称，称生卷章，卷章生重黎。重黎为帝喾高辛居火正，甚有功，能光融天下，帝喾命曰祝融……（帝喾）诛重黎，而以其弟吴回为重黎后，复居火正，为祝融。”

② 《归藏·启筮》：“共工人面蛇身朱发。”相传共工为水神。《左传·昭公十七年》：“共工氏以水纪，故为水师而水名。

③ 古代神话传说中的山名，人间的天柱。《山海经·大荒西经》：“西北海之外，大荒之隅，有山而不合，名曰不周。”

天地人三才之间又一次的被拉远了。

祝融和共工之间的矛盾，其实就代表了自然界中的水火之争。我们来看灾的繁体字“災”，上为水，下为火；水本应处于北方，五德为智；火本应处于南方，五德为礼。现在水火的序位颠倒了，阴上阳下，五行异位；当时的人类为达到目的、用尽智巧[①]，又失去礼的规范和调节，生命没有了底线，心灵中欲望横流，自然便显现出洪水泛滥的局面，从而衍生出心灵和自然的灾难。在人就是心火之“礼”与肾水之“智”的争斗。人失去了信土，无以含纳包藏，于是心火上升，肾水溢泄，水火不交，对应火水未济卦，双方各执异端，欲望之水用礼节已经控制不了，繁文缛节用智慧也无法调节了。

前面说的都是自然灾害与人类内心身体的失调，那么当天地自然不调的时候，各种稀奇古怪的猛兽恶灵也频频出现。“猛兽食颛民，鸷鸟攫老弱”。颛是蒙昧、圆鼓之意，颛民即是上古时期百姓敦厚质朴的品性。猛兽是指人智巧伪诈的思想。这种思想侵蚀了原本质朴的本性，让人变的复杂乖张，所以外在世界就会出现猛兽来相应。

鸷鸟为凶猛之鸟，凡鸟之勇，兽之猛者，皆曰鸷。鸟翼击物

---

① 即机谋与巧诈。《韩非子·扬权》：“圣人之道，去智与巧，智巧不去，难以为常。”

曰搏，足取曰攫。老弱实际上是指阴阳的运动，老阴、老阳走到了事物发展的末端，其本身原具备的能量已经微弱了，要产生变化。易理所谈的“七八不变六九变”，其中“九”指老阳，“六”为老阴，“七”为少阳，“八”为少阴。少阴少阳不变化，老阴老阳因为发展走到了尽头，当然要变化。如果事物发展到了穷尽除，还不去穷则思变的话，凶猛的大鸟就要用爪子来搏杀你了。而鸟寓指四象中的朱雀，朱雀这只大鸟的足部对应太极图的老阳位置，即是要变化的位置。人类自然发展到了穷途，不管你自己想不想变通，鸷鸟都要让你发生变化。

伏羲和女娲最初规划的这个世界是和谐而平衡的。女娲不仅抟土造人，还创造了人类生存繁衍的方式[①]。本来应该是一片祥和的情态。但是在女娲当朝时，就出现了这一次世界大变动，天人不合，百怪丛生。看着天地间生灵涂炭，子民遭殃，女娲便要作出巨大的努力来拯救灾难。

五、五德彩石

“女娲炼五色石以补苍天，断鳌足以立四极，杀黑龙以济冀州，积芦灰以止淫水”。女娲继伏羲之后，以木德王天下，木在

① 《风俗通》云：“女娲祷祠神，祈而为女媒。因置昏姻。”

五行中位于东方，为仁德，具有无限生发之力。而且女娲为女为坤，因此“补天”是她义不容辞的事情。那么她用了什么方法呢？女娲炼五色石来修补天空的缺口。五色即是大地五方的五种颜色：东方青色，西方白色，南方赤色，北方黑色，中央黄色。石者土之精也。五色石是五色土炼成的，其中的东方青色之石，就是“绿松石”，在现在的湖北武当山，有个地方叫做十堰，那里就有一种矿藏是绿松石，为全世界的唯一产地，传说就是女娲补天时所剩的渣石。绿松石最早是由文成公主[①]带入西藏的，西藏在佛教里被称为是观世音菩萨刹土[②]。著名的布达拉宫[③]梵音译为“Potalaka”，中音译为“补怛洛迦”，就是现在普陀（补怛）山的名称，那里是一个海上开满白色莲花的国度。文成公主拿着绿松石与红珊瑚去供养佛像，这与补怛洛迦主人——观世音菩萨有极其密切的关系（见《西藏的观世音》一书）。

五色石，对应着五行五方，对应人心是五德：仁、义、礼、智、信。天出现了缺口，就是人心道德出现了问题，那当然要从问题

---

① 文成公主（623 年—680 年 11 月 1 日），在吐蕃被尊称为汉女氏。唐朝和亲公主，吐蕃赞普松赞干布的王后。本是唐室远支宗室女，于 640 年奉唐太宗之命和亲吐蕃。

② 藏传佛教里认为西藏高原是观世音菩萨教化的地区。

③ 于中国西藏自治区首府拉萨市区西北的玛布尔日山上，是一座宫堡式建筑群，最初是吐蕃王朝赞普松赞干布为迎娶尺尊公主和文成公主而兴建。于 17 世纪重建后，成为历代达赖喇嘛的冬宫居所，为当年西藏政教合一的统治中心。

的根源处着手，首当其冲的就是修复人心道德。以火炼石，就是让五德成熟圆满的意思，这股烈火，是女娲自身的盛大能量所化，转时间烦躁欲望之火为三昧真火，她以一人之德力，统摄天下混乱四散的能量，将它们归导向同一个方向。仁、义、礼、智、信这五种德行是生命的准则，就像是人身上的十字架，在维护着这个生命的平衡，也是在支持着一个人之所以为人的尊严和底线，不至于走向偏颇与堕落。只有五德圆满，才能近乎天道，才能让自己的生命合于自然、回归天心。所以，女娲补天，从根本上补的是人类道德之先天，化解人心永不满足的欲望，以五德平五行、正人伦、理纲常，使万物各得其所，回到它们本来的位置。

“断鳌足以立四极”。鳌是一种大龟。许多国家不同种族的人们都有一个统一的认知，就是关于世界的结构，认为大地是一只乌龟驼在背上的，而大龟的四足为支撑天地间的柱子，也即是空间方位上的四极。而因为“天不兼覆，地不周载”，天地失去了本有的乾坤之德，大龟当然不再支撑天地了。经过女娲的修补教化，天地复位，大龟的四足又重新成为天地四极的柱子，仁义礼智四端再一次被树立，人心又通天心了。

“杀黑龙以济冀州”。“杀”为克之意。“黑”对应北方水。“冀州”在北方，对应天上紫微垣。《释名》中说：济，源出河北济河而南也。《风俗通·山泽篇》：济者齐，齐其度量也。这句是说：女娲降服了北方的黑龙，命令祂在人间冀州的济水中，以完成天上紫微垣中天帝保佑人间的承诺。

“积芦灰以止淫水”。淫水为泛滥不止的洪水，在人为智巧伪诈。芦苇燃烧成的灰即是土，对应人类的信德，五行中土克水。而芦灰，是世界上最轻的灰，易飘上天，故属于阳。伶伦制律的时候，在竹管中放的就是它，因至轻，故能感得大地的一阳来复那极其微弱之气息，而发出万音之母——黄中。所以女娲用教化修补了人类的信德，让人类从智巧回到了质朴，重新获取了可以通达先天的能力。同时外在上用芦灰止住了大地上泛滥的洪水，人间再次祥和一片。

经过一番努力的修复，“苍天补，四极正，淫水涸，冀州平；狡虫死，颛民生”。“苍天补”，女娲表意为坤，人心即天心为乾，补为修复教化之意。“四极正”，空间上用鳌的四肢当了支撑天地的柱子，人心当中重新建立了仁义礼智四端之德。“淫水涸”，人类智巧如同泛滥的洪水一样被平息了。“冀州平”，对应紫微垣的冀州再次被治理。“狡虫死”，让人类加重欲望的精虫转换为了纯阳之能。“颛民生”，人类回到了先天敦厚质朴、无为平和的状态。

天地的建制又一次恢复到初始平衡的状态，这是天人合一的状态。

“背方州，抱圆天”。女娲将天地的秩序重新调整到“天圆地方”的状态。就像是一个人仰躺在大地上，背对着大地（九州），胸怀拥抱着天空。“方州”即是九州①，居于中央的是“冀州”，直接对应天上的紫微垣②：“冀”字，由北、田、共三部分组成。“北”为北辰，“田”表示划分开的区域，田字和电字很像，从它篆书的字形“”可以看出来，下面是两只手在把握着太极图中的反S线，在划分阴阳。这是在描摹大自然的现象：一片云阴极，一片云阳极相互碰撞，才会产生闪电。

《封神榜》里有一雷震子③，他是周文王④的第一百个儿子，一手拿锤，一手拿凿，在诸神中拥有很高的地位。在西方的神话故事里，雷神是宙斯⑤的儿子，掌管人间，法器也是锤子。雷电即是祂用手中的锤和凿创击产生的。

---

① 古人将全国划分为九个区域，即所谓的“九州”。根据《尚书·禹贡》的记载，九州分别是：冀州、徐州、兖州、青州、扬州、荆州、梁州、雍州和豫州。

② 天帝居住的地方，是皇帝内院，除了皇帝之外，皇后、太子、宫女都在此居住。宋史《天文志》：紫微垣在北斗北，左右环列，翊卫之象也。紫微垣以北极为中枢，有十五星，分为左垣与右垣两列。

③ 上古神话人物。传说雷震子是西岐周文王姬昌的第一百个儿子，兄为伯邑考，姬发和周公旦等。

④ 周文王姬昌（前1152年—前1056年），姬姓，名昌，是周太王之孙，季历之子，周朝奠基者。其父死后，继承西伯侯之位，故称西伯昌。

⑤ 古希腊神话中统领宇宙的至高无上的天神。宙斯是克洛诺斯和瑞亚的最小的儿子。

“田”划分天域，是指天上北辰[①]所在的区域，天有分野[②]之区，和大地上九州相应。

十二宫、二十八宿、十二分野												
地支	**丑**	**子**	**亥**	**戌**	**酉**	**申**	**未**	**午**	**巳**	**辰**	**卯**	**寅**
十二次	星纪	玄枵	娵訾	降娄	大梁	实沉	鹑首	鹑火	鹑尾	寿星	大火	析木
二十八宿	斗、牛	女、虚、危	室、壁	奎、娄	胃、昴、毕	觜、参	井、鬼	柳、星、张	翼、轸	角、亢	氐、房、心	尾、箕
十二分野	吴·扬州	齐·青州	卫·并州	鲁·徐州	赵·冀州	晋·益州	秦·雍州	周·三河	楚·荆州	郑·兖州	宋·豫州	燕·幽州
方位	北方玄武	北方玄武	北方玄武	西方白虎	西方白虎	西方白虎	南方朱雀	南方朱雀	南方朱雀	东方苍龙	东方苍龙	东方苍龙

“共”者“拱”也。《论语》[③]：“为政以德，譬如北辰，居其所而众星拱之。”北辰位于天上最中心的位置，里面居住着天上皇帝一家，在地上刚好对应冀州。所以，古人定都北京是很有说法

① 指北极星。

② 中国古代天文学家对星辰的划分。即星纪、玄枵、娵訾、降娄、大梁、实沉、鹑首、鹑火、鹑尾、寿星、大火、析木。分野亦将地上的州、诸侯国划分为十二个区域，使两者相互对应。

③ 中国春秋时期一部语录体散文集，主要记录孔子及其弟子的言行。它较为集中地反映了孔子的思想。

的。北京的紫禁城里有三大殿：太和殿、中和殿和保和殿，城内的中轴线也是都城的中轴线。这都是完全参照天上的天帝居住的皇城设计的。

除了冀州外，其余的八州分别是："兖州"，即是现在的山东（北部）和辽宁；"青州"即是泰山以北到入海口处，春秋时是齐国的位置（海岱曰青州）；"徐州"即是鲁国往南的一片地方；"扬州"是淮河以南到海南岛处；"荆州"即是现在的吴越一带，是古时楚国的故地；"梁州"是四川、云南一带；"雍州"古代隶属秦国，现在是陕西、甘肃等地；"豫州"就是现在的河南。一共划分为九个大区域，并称九州①。

"背方州，抱圆天"即是背阴抱阳之意。《道德经》云："万物负阴抱阳，冲气以为和。"万物依阳气而生，依阴气而眠，百姓日出而作，日落而息，这是这个世界应有的正常的状态。可在女娲补天以前，天地原来不是这个样子的。皆因这场浩劫，将世界的秩序都打乱了，原来的建制已经不再适合万物的生存了，于是女娲便当仁不让地承担了这个再次"创世"的角色，创造出一套新的规则，令世界恢复到祥和的状态。建制的转换，就像是走下

① 《吕氏春秋·有始览·有始》曰："何谓九州岛？河、汉之间为豫州，周也。两河之间为冀州，晋也。河、济之间为兖州，卫也。东方为青州，齐也。泗上为徐州，鲁也。东南为扬州，越也。南方为荆州，楚也。西方为雍州，秦也。北方为幽州，燕也。"

楼梯一样，其实是道体衰落的表现，人类离道渐行渐远，所以才会出现这样巨大的变革。

从历史的发展中，希望我们汲取经验和智慧，重新认知这个世界的规律，让自然和生命都能得到可持续性的发展，也希望通过每个人的努力，让世界充满祥和与安宁。纯净的莲花，将永远盛开在我们的心中。

六、结语

女娲，这是一个多么神圣而亲切的名字，她是我们中华民族的始祖，用自己壮丽的生命，书写下一个又一个神话。在华夏文明的进程中，遭遇过很多次变革与灾难。每当大难当前，却总会有一批顶天立地的英雄，勇敢地站出来，力挽狂澜，用尽终生的力气，托起一块镌刻着“华夏”二字的丰碑，将它屹立在世界之林的巅峰。伟大的祖先，不仅传给了我们一份瑰丽的文化，还将一份济世救众的精神深深地融入了我们的血液中。“天下兴亡，匹夫有责”，这是华夏子孙对世界的承诺和信用，是我们心中共同的信仰！祖先们身上承担天下的情怀与品格是每一个炎黄子孙效法的榜样！

第四章

神农火功

生存方式的确定

引语：

往古的浩劫，让天地经历了一次巨大的洗礼，万物在“无序”中回归“有序”。女娲用自己的生命修补了天空的裂痕，也补全了人心的漏洞，为我们重新铺设出一个和谐的世界。光明和安定的生活，是人类永远的向往。于是，我们学会了耕种，开始以务农为生；我们有了防御的弓箭，有了盛物的陶器，并用桑麻做成蔽体的衣裳；我们可以在集市上互通有无，建立起稳固的生存……因为有炎帝神农氏的指引，使这些伟大而简单的愿望得以圆满。

漫漫长夜，但只要生起一簇火焰，就能驱散恐惧和严寒。炎帝神农氏，祂就是那个点燃希望和温暖的神明，经由祂的双手，中华的不灭之光，由此熊熊点燃。

经典记载：

炎帝神农氏母有乔氏女登，为少典妃，游华阳，感神而生炎帝，长于姜水，因以氏焉。

炎帝神农氏，姜姓也，人身牛首，长于姜水，有圣德，都陈，作五弦之琴，始教天下种谷，故号神农氏。

——《帝王世纪》

神农氏作，斫木为耜，揉木为耒，耒耜之利，以教天下，盖取诸益，日中为市，致天下之货，交易而退，各得其所，盖取诸噬嗑。

——《易经》

白话解：

1. 炎帝神农氏的母亲来自有乔氏一族，名字叫做“女登”，她是部落首领少典（亦称有熊氏）的妃子。有一天，女登来到华阳附近游玩，忽然感神迹而有孕，之后便生下了一个孩子，也就是后世所称的炎帝。炎帝从小是在姜水旁长大的，便取姓为“姜”。

圣人有异象，炎帝牛首人身，相貌非凡。长大以后，祂以圣德而闻名天下，称为了部落的首领，并把“陈地”定为都城。祂创造出五弦琴，以通天地之音，还教会了百姓播种五谷，让天下人过上了安定的生活。人们为了感念祂的功绩，便将其尊称为“神农氏”。

2. 伏羲氏没落以后，神农氏兴起。炎帝神农氏把木头砍断做成“耜”，又把木头用火烤弯做成“耒”，然后把“耒耜”的利处教给天下人民，这是取象《益》卦。祂又在中午开辟集市，让四方的人们，聚集天下的货物，各取所需，互通有无，这是取象《噬嗑》卦。

一、帝脉（系）相承

上古时期的“三皇五帝”，在历史上有很多种分法，例如有人认为“三皇”是“天皇”“地皇”和“人皇”；还有的说，“三皇”是指“伏羲”“女娲”和“神农”。提到“五帝”，有指的是“太昊伏羲氏”“炎帝神农氏”“黄帝轩辕氏”“少昊金天氏”和“颛顼高阳氏”；也有说的是“太昊”“炎帝”“黄帝”以及“尧”“舜”。在这里我们援引的是天地人三皇，与五方五色配五德五帝的说法。其实另一种说法也有它的道理，比如说伏羲和女娲，一男一女，一阴一阳，一天一地，伏羲画八卦，确立了天地的建制、世界的规矩，对应的是“天”（天皇）。而他的妹妹女娲在大地上用泥土塑造出人类的样子，又用五色土炼成彩石补天，这对应的是“地”（地皇）。而神农氏，他为我们人类确立了最基本的生存方式和生活方式——以农业耕种为生，所以他对应的是“人”（人皇）。两种说法虽然各有不同，但都为我们了解这些帝王人物提供了很好的帮助。

五帝和五季（“春”“夏”“秋”“冬”“长夏”）、五德、五方是相对应，它们的关系分别是：东方太昊伏羲氏，以木德王天下，对应春季；南方炎帝神农氏，以火德王天下，对应夏季；中央黄帝轩辕氏，以土德王天下，对应长夏；西方少昊金天氏，以金德王天下，对应秋季；北方颛顼高阳氏，以水德王天下，对应冬季①。经典中描述这些伟大的帝王，是“神于天，圣于地”的，他们都是从天界诸神中下派人间的“特派员”：当以人的生命形式存在于大地时，他们是有异象和异能的“圣人”，有的是蛇身人首，有的是牛首人身，有的生而能言，总之处处彰显着不平凡。那么待功业完成之时，他们就会回归到天界去，在天上继续参与着万物的造化、世界的运转。

这一篇的主人翁，是五帝之一的炎帝神农氏。首先，我们要了解清楚“炎帝”和“神农氏”的关系。“炎帝”是这个朝系的名称，就像我们说的唐宋元明清一样，是对一段历史的总称。“神农氏”是这个朝系中的第一位部落首领。这个朝系里的所有帝王，

---

① 伏羲：《吕氏春秋·孟春》：“孟春之月，其日甲乙，其帝太皞。”高诱注：“太皞，伏羲氏，以木德王天下之号。死，祀于东方，为木德之帝。炎帝：《淮南子·天文训》：“南方，火也；其帝，炎帝。黄帝：少典之子，姓公孙，居轩辕之丘，故号轩辕氏。又居姬水，因改姓姬。国于有熊，亦称有熊氏。以土德王，土色黄，故曰黄帝。少昊：高诱注：“庚辛，金日也。少皞……以金德王天下，号为金天氏，死配金，为西方金德之帝，为金神。颛顼：《淮南子·天文训》：“北方，水也，其帝颛顼，其佐玄冥，执权而治冬。”

都是以火德王天下的，它共传了八代，第一位就是神农氏，最后一位叫做“榆罔”[①]所以，五帝的概念不是指仅有的五个人，它概括了一段相当漫长的上古历史，伏羲、神农、轩辕、少昊[②]、颛顼[③]这五位帝王是五个朝系的开创者，也是其中最杰出的代表人物。

“炎帝”的“炎”，就像后世皇帝的“谥号”[④]一样，是对他德行的尊称。《尚书·洪范》曰：“火曰炎上。”五行之火有什么特质呢？大火为炎，直冲向天，火焰的方向永远只有一个，就是朝上。火对应的是南方，五德为礼，太阳就是它在自然中最显著的表象。在上古的历史里面，特别是五帝的朝系，人们通常会以第一代帝王的德行来为整一个朝系命名。以“炎帝朝”为例，最初以火德王天下的就是神农氏，正因为他开创了盛世的局面，后世的继承者们都以神农氏为榜样，效法他的德行，学习他的品格，如此代代相传，形成了一个完整的朝系。用现在的话说，就是炎帝神农氏在朝系建立之初，就确立了主要的指导思想——“火德”，而

---

① 榆罔，《帝王世纪》记载他是上古时代神农氏最后一位炎帝。

② 少昊：也作少皞，已姓，黄帝长子玄嚣，又称青阳氏、金天氏，为五天帝之一。

③ 颛顼，中国上古时期的部落首领之一。本名干荒，是黄帝次子昌意的儿子，居帝丘（今河南濮阳县），号高阳氏。高阳氏曾命重任南正之官，掌管祭祀天神；命黎任火正（一作北正）之官，掌管民事。

④ 谥号：古代君主、诸侯、大臣、后妃等具有一定地位的人死去之后，根据他们的生平事迹与品德修养，评定褒贬的称号。

他的后代追随前人的步伐，继续沿用和发展。

炎帝朝系一共传了八代，第一代是神农氏，第二代临魁，第三代姜承，第四代姜明，第五代姜直，第六代姜来，第七代姜哀，第八代榆罔。[①] 此之后，他的子孙还在，但就不是帝王了——天下大业被黄帝轩辕氏继承了下来。炎帝后代比较出名的还有“器”、“祝融”、“术器”、“句龙”[②]、“垂”[③]、“共工”、“伯夷”[④]、“姜子牙（姜尚）”[⑤] 他们都是历史上记载的神农氏的子孙。[第九代，名器，榆罔子。第十代，名祝融，器之子；卒葬衡山（在今湖南）。第十一代，名术器，祝融子。第十二代，名勾龙，术嚣子。第

① 炎帝神农氏政权共传八任帝，传国虚记二百五十四年（前 4766—前 4513）。

首任帝、神农，在位执政虚记三十四年（公元前 4766—前 4733 年）。

二任帝、临魁，在位执政虚记四十二年（公元前 4733—前 4692 年）。

三任帝、姜承，在位执政虚记三十八年（公元前 4692—前 4655 年）。

四任帝、姜明，在位执政虚记二十八年（公元前 4655—前 4628 年）。

五任帝、姜直，在位执政虚记四十七年（公元前 4628—前 4582 年）。

六任帝、姜来，在位执政虚记二十年（公元前 4582—前 4563 年）。

七任帝、姜哀，在位执政虚记二十五年（公元前 4563—前 4539 年）。

八任帝、榆罔，在位执政虚记二十七年（公元前 4539—前 4513 年）。

② 《左传·昭公二十九年》: 共工氏有子曰句龙，为后土。

③ 尧禹时工官。《世本 . 作篇》: 垂作钟。垂做规矩准绳。垂做耨。

④ 伯夷，子姓，墨胎氏，商纣王末期孤竹国第七任君主亚微的长子，弟亚凭、叔齐。

⑤ 吕尚，姜姓，字子牙，也称“姜太公”、“姜子牙”、“太公望”，商朝末年人。《史记·留侯世家》正义曰：‘太公，姜子牙，周文王师，封齐侯也。

十三代，名垂，勾龙子。第十四代，名共工。第十五代，名伯夷，著名贤人，佐尧帝掌四岳，佐大禹治水，因功受封于吕，为吕侯，是即吕氏得姓之始。姜太公吕尚，即其后。]

“神农氏，姜姓[1]也。”先让我们从姓氏来了解他。炎帝神农氏以火德著称，他为人类确立了很重要的生存方式，就是农耕。“姜”，上为“羊”（善省），下为“女”，原来，神农氏的母亲是有蟜氏一族的女儿，名字叫做“女登”，又叫“安登”。她是帝王少典[2]的正妃，少典是伏羲的后裔，华胥氏是他的祖母，赫赫有名的神农氏和轩辕氏都是他的儿子。有一天，女登到了一个叫“华亭”的地方游玩，看见一条神龙来伴，身体忽然就发生了特殊的感应，后来便怀孕生下了神农氏。

神农氏是牛首人身之象，相传他自小就在姜水河畔生活，所以姓“姜”。姜字上边“羊”者“阳”也，《易经》中有“大壮”[3]一卦，形容事态快而猛烈，卦辞中就有用“羊”来作比喻的，指公羊身上刚烈鲁莽的本性，和阳能迅猛增长的势头是如出一辙的。这和西方十二星座中白羊座代表的战神的强能好斗性格如出一辙。对应的是春季二月，节气为惊蛰和春分，正是木气冲破地

---

① 《晋语·国语》：“昔少典娶有蟜氏，生黄帝、炎帝。黄帝以姬水成，炎帝以姜水成。成而异德，故黄帝为姬，炎帝为姜。

② 《国语·晋语四》注：昔少典娶于有蟜氏，生黄帝、炎帝，曾祖母华胥氏。”

③ 大壮：䷡《易》六十四卦中第三十四卦。即乾下震上，“阳刚壮盛”之象。

表、向上发展的时机。神农氏是以火德王天下的，“火”就是阳气走到最顶端的表现，他一生的功业，就像“姜姓”所代表的那样，从“木”到“火”、从发展到盛大的过程。故而下文说，“有圣德，以火承木，位于南方，主夏，都陈”。他是太昊伏羲氏一朝的继承者，从历史而言是如此，德行也是上下承接的。

“以火承木”还有很重要的一点，就是文化的承上启下。易学是中国传统文化的源头之一，历史上有“三易”[①]之说，分别是《连（làn）山易》《归藏易》和《周易》。《连山易》[②]就和炎帝神农氏有关，太昊伏羲氏画八卦，定乾坤，是易学之祖，开创《连山易》。而炎帝神农氏是第一个把八卦演绎成六十四卦的圣人，所谓“因而重之”。神农氏所创的六十四卦，是承接伏羲氏所画八卦，是当时那个时代呈现出来的规律，所以神农氏又被尊称为“烈（音lan）山氏”。到后来周文王[③]演绎的六十四卦，就是和商周时的规律相吻合的，不是文化变了，是时代变了、人心变了，而圣人因时制宜，从文化的核心中挑拣出最适合当下的部分，用以作教化

---

① 《周礼·春官·大卜》：“掌三易之法，一曰连山。二曰归藏，三曰周易。”

② 三易之一，以“艮卦”为首。郑玄于《周礼注》称：“名曰连山，似山出内气也。”《连山易》以四季六气为旺衰指引，以六甲值符为吉凶判辨之坐标，以三元九运为时空转换。

③ 周文王，姬姓，名昌，商朝末年为西伯，故亦称“伯昌”。任用太颠、散宜生等能人，施行裕民政策，国力日盛，却为纣王所忌，囚之于羑里，演八卦于六十四卦，写下《周易》一书。

的方便。

《连山易》一书是"艮"[1] 为首卦的。艮卦为"山"，居东北位，纯艮卦上下卦皆"山"䷳，故而名为"连山"。而其余的两部，《归藏易》相传是黄帝所作，以"坤卦"作为首卦。因为黄帝土德王天下，土德为"坤"象征大地，包含万物，无所不藏，所以名之"归藏"，能藏所藏之意。《周易》为周文王所作，以乾卦为首卦，如同天一样自强不息、周而复始之意，故名《周易》。很可惜，前两部经典已经失传，今天我们读到的《易经》就是从那时传下来的。[2]

圣人有异相，我们知道伏羲和女娲是人首蛇身的。这表达的是什么意思呢？"巳"[3] 对应的十二生肖为"蛇"，它本身就是蛇的象形（巳，篆书写法：）。在斗建乾坤终始图里面，乾卦的位置对应的就是"巳"，表示阳能达到最满的状态。那么我们生命中的"巳"按照《黄帝内经》的说法，就是"男子二八，女子二七，天癸至，故能有子"。是一个人生理上堪堪成熟的时候，用"吾家有女（子）初长成"来形容再恰当不过了。所以，人首蛇身是在表明生命能量的旺盛而饱满。到了炎帝神农氏，他的法

① 艮，☶，八卦之一，代表山。

② 《周礼·春官·大卜》："掌三易之法，一曰连山。二曰归藏，三曰周易"。

③ 巳是地支之一，对应农历四月，时间相当于 09：00 至 11：00，生肖为蛇。

相是牛首人身，“牛”为“丑”[1]是十二地支中的第二位，位于东北方，对应的是十二月“临”[2]卦，䷒阳气已经从地底上升到下卦的第二爻。《说文》：“丑者，纽也。”预示着固结的阴气开始解散，阳气渐渐地复苏。“丑”的篆书字形（）好像一只并拢在一起的手，经过整个冬天的休整，它似乎马上就要动起来了，舒展筋骨、活络血脉、大展拳脚的时候很快要来临！如果我们把伏羲女娲的时代，看作是“华夏”这个大的生命体出生的阶段，那么，到了炎帝神农氏的时代，就是这个民族步入快速发展的年纪——“她”学会了如何生存、如何生活，开始自给自足，用勤劳、智慧、汗水来播种，成就千万年的荣光。

二、稼穑为先

所以，探讨到炎帝神农氏的话题，考其功烈，首先就是和大地、农业有关，是他将“华夏”和“农业”“自然”紧紧地联系在一起，且看这一双神奇的大手是如何造化的？我们的民族又是怎样一步步走到今天？

---

① 丑是地支之一，农历12月，丑时01:00至03:00，五行属土，生肖牛。

② 临卦，《易》第十九卦，上坤下兑，泽上有地，泽卑地高，高监下，为临。君王由上视下，以尊临卑，以德临人，必然亨通顺利。

第一，制耒耜[①]

“伏羲氏没，神农氏作，斫木为耜，揉木为耒，耒耜之利以教天下，盖取诸益。”这是一段摘自《易经·系辞》的文字。伏羲朝没落时，神农氏一族就兴起了。他首先为人民发明了耕地的工具——“耒”和“耜”，这两种工具的出现，才有了真正意义上的“农耕”，为后来的种植五谷提供了很大的方便，人类的生存方式就被确定下来了。它们的形状是什么样的呢？“耒耜”和今天的“犁”很像，都是带锯齿的木制工具，牛在前面拉，人在后面控制，利用它来翻动土地。传说，在大禹治水的时候，这两件东西还是他的得力助手呢。

俗话说，一日之计在于晨，一年之计在于春。春天的耕耘就决定了一年的收获。十二消息卦[②]里，“泰”“大壮”“夬”（音怪）就对应着春三月的“孟春”“仲春”和“季春”。《吕氏春秋·孟春》告诉了我们，在正月孟春，“迎接春神”是举国上下的头等大事。到立春的前三日，帝王开始斋戒，做好迎春祭祀的准备。是日，由天子率领着三公九卿、诸侯大夫于东郊外恭候春神的来

---

① 耒耜（音磊似），古代耕地翻土的农具。耒是耒耜的柄，耜是耒耜下端的起土部分。

② 在一个卦体中，凡阳爻去而阴爻来称为“消”；阴爻去而阳爻来称“息”。“十二消息卦”取自六十四卦，即被视为由“乾”、“坤”二卦各爻的“消”“息”变化而来的。这十二卦是：复、临、泰、大壮、夬、乾、姤、遯、否、观、剥、坤。

临。除此之外，还要选择某个吉时，天子亲自驾着装有耒耜的车马，和百官一起来到他专属的帝籍田[①]进行耕作——如同今天的奠基开启仪式一样，按照等级的不同，天子在田中推三个来回，三公推五次，诸侯卿大夫推九次。礼毕后，天子会在祖庙宴请群臣，赏赐“劳酒”[②]借此向百姓们宣告——春耕正式开始了！不难想象，天子与百姓一同耕作劳动，庆祝春归，这是一幅多么美好的画面！

最初，连播种五谷、作物成熟的时间都是由神农氏确定下来的。神农氏把这种规律教给百姓，让人人都能种出庄稼、收获粮食，于是，农业就变成了赖以生存的基础。后来，姜姓族人有一脉的分支形成了“羌族”，在今天中国的西部。那儿的特产就是大枣，产量多、质量好，种植禾苗的技术最早也是从那里传出来的，他们就是炎帝神农氏的后裔。

“狩猎”和“农耕”是两种截然不同的生存方式，它对生命的制约也是有天壤之别的。由最早的生存方式影响了生活，生活影响了文化，文化造就了经济、政治、军事、科技上的差异。“狩

---

① 《礼记·月令》：“孟春之月……天子乃以元日祈谷于上帝……亲载耒耜……帅三公九卿诸侯大夫，躬耕帝藉。天子三推，公五推，卿诸侯九推。”天子在孟春之时举行祭祀，祈谷之礼。郑玄笺：“籍田，甸师氏所掌，王载耒耜所耕之田。天子千亩，诸侯百亩。籍之言借也，借民力治之，故谓之籍田。”

② 古时天子设宴慰劳群臣的行为。《礼记·月令》：“〔孟春之月〕反，执爵于大寝。三公、九卿、诸侯、大夫皆御。命曰劳酒。”

猎”产生了西方文化，“农耕”产生了东方文化。论中西方之不同，归根结底，就是“狩猎”和“农耕”。刚开始时，东方文明的起点也是在“狩猎”中酝酿展开，却是炎帝神农氏把它从中分离出来，奠定了今天以中华民族为核心所形成的亚洲文明在世界上不可小视的地位。神农氏非常了不起，他就像是一位掌舵起航的船长一样，以一人的智慧预见了一民族千万代的发展方向。华夏能够顺利地走到今天，真的要由衷地感谢我们的先祖。身为一名炎黄的后代，是多么令人骄傲和自豪！

“狩猎”就是去逮捕动物，杀死它们为人所食。西方社会所谓的“市场经济”“自由竞争”都是在此基础上建立的，人们是在用“狩猎”的心理应对问题、解决问题。而“农耕”则不同，《孝经·三才章》[①]里面说，“夫孝，天之经也，地之义也”，农业就和大地有关，耒耜、五谷都要在土地里才能发生作用。首先，人和大地的关系是最亲密的，这就是“人法地”，如何“尽地之宜”，每块土地应该种植什么作物，都是人需要思考和操作的命题。其次为“地法天”，在大地上耕种是看天吃饭的生计，通过观察一年四季天气的变化，总结出一套规律，如“二十四节气”，什么时候翻田、播种、施肥、除虫、收割等等都有明确的提示，这一切都基于人类对天地之道的认知。要知道，农民也许目不识丁，

① 《孝经》，儒家十三经之一。孔子述，曾子记。

但是他们对天地的了解甚至比一个读书人在经典上知道的更深刻得多。他们是最会看老天颜色的人，对自然的变化也是最敏感的。如今流传下来的很多农谚歌谣，都是文化的结晶所在。在古代的文学作品里，“老农”常常是大隐之士的代名词，一锄头，一蓑衣，做天地一沙鸥，乡野一愚农，深藏功与名，且把心田这一亩三分地慢慢耕耘，已达心神合一。

相比之下，西方的狩猎文化是竞争的、激烈的、强劲的、主动的，东方的农耕文化是被动的、守候的、静止的。主动为“乾”，被动为“坤”。所以东方人的特点，是坤大于乾，坤德是主导；西方人的特点是乾大于坤，乾德是主导。西方文化的“乾”体现在：喜欢主动出击、制造杀伐和战争等等。但是，如果不合时宜地发动战争、非为仁义的出师，由于一己私利而大动干戈，这就像与天地相斗，结果一定是被天地打败的。因为不符合道义，所以才会经常出现各种的自然灾害，天地震怒，就以地震、火灾、龙卷风、海啸等等“回馈”给人类。“人天相斗”的最后，是以人类自食恶果、被迫承受天意而告终。如同否卦[①]（䷋），阳气在上阴气在下，天地不交，外表刚强有余，却缺乏内在的原动力做支撑，终是不能长久。但是，东方文化的“坤”是建立在乾之上的。坤

① 否，《易》第十二卦，上乾下坤，通称“天地否”。阳气上升，阴气下沉，阴阳不交，故否为闭“塞”之意。

者如大地，顺承包容，绵绵密密地为万物提供成长的养分，就像是伟大的母亲永远呵护着她的孩子一样。坤德的特点是“终始如一”，永远保持着“厚德载物”的品德，当这种德行从未停止、一直延续的时候，它就转化为乾“自强不息”的一面。所以，把“厚德载物”做到了极致就是“自强不息”。因此东方的文化如同泰卦[1]（䷊），阴气在上阳气在下，天地交泰，欣欣向荣。东方人以柔顺、恭谨的态度示外，学会谦和，因为文化让我们知道了人类的渺小；学会放下，因为看透了五千年的盛衰；学会沉默，因为踏实的行动胜过嘴边的万语千言。然而，温文尔雅的民族又是无坚不摧的，当家国有难，老少妇孺都会用自己的血肉建起一堵最坚固的长城。这一切，都来源文明给予我们的自信和尊严。

三、光明驻世

第二，火功

炎帝神农氏以火德王天下，除了“神农”表明了他对农业的功绩，在“火”上的作为也不容忽略。谈到火，我们很容易就想

---

① 泰，《易》第十一卦。上坤下乾，通称“地天泰”。泰为阴阳相交，通达之意。

到了上古的另一位领袖“燧人氏”[①]。他发明了钻木取火，为人类生活带来了永恒的光明，他算是炎帝一族的先人了。但是，后世并没有把“火德王天下”的赞誉给予燧人氏，而是到了神农氏时才有这一说法。

燧人氏把火种带到了人间，到底是好事还是坏事呢？那我们就要先了解，火对于人的意义。最初，用火的目的很简单，一为取暖避寒，二为去除腥臊。没有火以前，人们捕获到水里游的、地上跑的食物，都直接吃进肚子里，过着“茹毛饮血”的生活。这时，人类和其他的虎豹狼豺是没有区别的，这是生命往下堕落的状态。但是，有了火种之后，我们的食物从“生食”变成了“熟食”，这是人类第一次和自然界的动物有了明显的区分。《太平御览》[②]里写道：“钻燧取火，以熟荤臊，民食之无肠胃之病。”不吃生冷的食物，就可以大大减少疾病的发生，人类的寿命就会更长。到了炎帝神农氏的时候，他把火的使用进一步地扩大，成为了人们生活中不可缺少的一部分。

---

① 传说中的古帝王，中国上古神话中火的发现者。《韩非子·五蠹》有记载：“民食果蓏蜯蛤，而伤害腹胃，民多疾病。有圣人作，钻燧取火，以化腥臊，而民悦之，使王天下，号曰燧人氏。”是旧石器时期河套附近一个母系氏族，他们以打猎为生，当击打野兽的石块与山石相撞时产生火花。燧人氏受到启发，于是发明了钻木取火。

② 《太平御览》是北宋时期编写的一部类书，是保存了五代以前文献最多的一部类书。

无独有偶，希腊神话[①]里也有一位取火的神灵“普罗米修斯”，他们的故事有很相似的地方。首先，他们都是神和人相结合的结晶。炎帝神农氏是凡人女登与神龙所生，普罗米修斯的父亲是天父之子，母亲是地上的海洋女神克吕墨涅[②]。在上古时期，神、人之间的界限并没有那么明显，天地之间的距离也不是那么远，还有通道相连，人神经常可以上下往来，沟通密切，比如后羿与嫦娥、牛郎和织女，人神结合的例子非常多。当时，普罗米修斯看见了下界阴冷潮湿的样子，心生不忍，于是，他便从太阳神阿波罗的车上偷了火种带到了黑暗的人间，还教会了人类许多技能和知识。但他也受到了宙斯的惩罚，被锁在了高加索山的悬崖上，恶鹰每天来啄食他的心肝，吃掉一次，风一吹，又长出一次，精神和肉体遭受着无止尽的果报折磨。

故事里面唯一不同的是，普罗米修斯是盗取了“天火”，而燧人氏是发现了取火的方法。《路史·发挥一》[③]注引了《拾遗记》[④]

---

① 希腊神话是古希腊宗教的组成部分之一，反映了古希腊的政治制度。记载有关古希腊人的神、英雄、自然和宇宙历史的神话。

② 海洋女神克吕墨涅是伊阿珀托斯（Iapetus）的妻子，有四个孩子：阿忒拉斯（Atlas）、普罗米修斯（Prometheus）、厄庇墨透斯（Epimetheus）和墨诺提俄斯（Menoetius）。

③ 《路史》即大史之意，（南宋）罗泌撰，记述了上古以来有关历史、地理、风俗、氏族等方面的传说和史事，取材繁博庞杂，是神话历史集大成之作。

④ 《拾遗记》又名《拾遗录》。古代汉族神话志怪小说集。作者东晋王嘉，字子年，陇西安阳（今甘肃渭源）人。

里面的描述："有火树名遂木，屈盘万顷。有鸟名鸮。啄树则灿然火出，圣人感焉，因取其枝以钻火，号燧人。"燧人氏在世界东面的尽头发现了一个国家，那里有一种鸟儿叫做"鸮"。它用嘴巴在"遂木"上不停地啄食，树枝上就会出迸零星的火星。他从中得到了灵感，发现了钻木取火的道理。燧人氏回到自己的国家之后，就把这种取火的方法教授给了自己的族人，从此告别了茹毛饮血的生活。

为什么普罗米修斯盗取了天火，为人间带来了福利，却要受到这样残酷的惩罚呢？这是和我们人类的起源有关的。人类其实并不是属于地球上的生命，我们的祖先，本来是居住在色界光音天上的天人。我们初化为人的时候，依然有很多机会能够回到天上去，但是，随着火种的出现，生活变得越发舒适的时候，我们就对地上的世界越发依赖。火，让我们和大地的关系变得更密切，同时，也和天的关系变得愈来愈远，远得甚至令人们忘了——我到底从哪里来？又终将回到哪里去？今天我们常常站在地上仰望碧蓝如洗的天空，有谁能想到，那里曾经是人类的故乡呢！乘云驾雾，指点星辰，踏霞披彩，比翼九天，本来那才是我们的生活啊！

经典中凡是谈到上古的神明圣王，临终之时都用一个"没"字来交代他们的去向，即是从此世界"隐没"，从彼天上还生。最著名的就是"骑龙朝天帝"的黄帝轩辕氏，一条神龙来把他带走了，那真是如《再别康桥》[1]里面写的一样浪漫：“悄悄的我走了，正如我悄悄的来；我挥一挥衣袖，不带走一片云彩！”祂们从降世出生、成就、离去，都是对民众的昭示。祂们的一生都在完成一场芳华绝代的表演，连离开也不例外：黄帝乘龙而去，翩翩登天，就是在用行动告诉所有的百姓——任何人都是可以通过修行回到天上去的，你也可以啊，何乐而不为呢？“轻清者上升为天，重浊者下降为地”[2]，对于这个世界而言，你的生命质量是轻盈的，当然就能和阳气一样升天；你的质量是沉重的，思想是浑浊的，就只能生活在天空之下了。记得我们小时候都玩过氢气球，手中一不留神没有抓紧，气球就冲到天上，只是，我们和气球不一样，从来都没有做好放空和放轻的准备。

人类的祖先刚从光音天下来的时候，身体还非常轻。他们来到地上，看到一切都感到十分新奇，渐渐地被这里的风景吸引了，开始把大地当成一个游乐园，每次都玩得流连忘返，也越来越熟悉起来。有时，他们口渴了，就会取大地旁边的海水饮用，海水里有盐，喝多了，身体就一点点地变重——他们竟然飞不回家了，或者，要相隔一段很长的时间才积累到足够的能量飞回去。

为什么吃盐身体会变重呢？盐是咸的，对应的五脏是肾，肾

---

① 现代诗人徐志摩脍炙人口的诗篇，是新月派诗歌的代表作品。

② 《三五历纪》：天地开辟，阳清为天，阴浊为地。

脏藏肾精，肾精就是先天轻清之阳的能量。而我们就是靠摄入的盐分来调动肾脏里面的精华，转化成日常的行为——行、住、坐、卧。即使是一个再细微的“动作”，都需要肾精的能量来支持。所以，人的一生，就是阳能从少到多，又从满到无的过程。天人喝了一点海水，体内的阳能就消耗一些，那就只能依靠多日的积累，才能恢复到最充足的状态。就像是充电一样，这块“电池”的损耗越来越大，起初，“七日来复”——一周的时间就能把回家的电量充满；后来需要一月、一年，时间被拉长，直到最后，经过一个六十甲子的轮回都没有办法再把电量充满，天人就再也回不去了，成为了凡俗的“人”。

现在社会的素食人士越来越多，这是很好的消息，不仅不杀生，还在一点一点地减少我们对地球的依赖性。而且，我们要保持清淡的口味，吃得特别咸，需要用辛辣重盐的食物才能刺激嘴巴产生反应，这是生命功能衰退的表现。我们都不妨为自己充一充电，给生命努力制造一个上达的可能。虽然多数人都在大地享受安乐的生活，乐不思“天”，遗忘了故乡；但是，历史上渴望“回家”的也大有人在。

中西古代修道者们为此实验了很多的方法，“辟谷”就是其中之一：不去吃经火加工的谷物而令身体变轻，直到返回天上。究其根本，人类的父母是天地，从出生那刻起，我们就靠吃五谷杂粮来存活，而五谷的能量是来自于日月雨露的精华，所以人类是通过“吃”的这种方式来间接地获取自然能量。但是，人获得能量的途径和通道还有很多，例如：母胎中的婴儿，是通过脐带来吸收营养的。刚出生的孩子，他的头骨并没有完全闭合，头顶的“囟（音信）门”[①]就是生命能量的通道，可以直接与天沟通。“囟”，就是“烟囱”、“通道”的意思。树的根在地下，直抵黄泉[②]深处；相反，人的根在头顶，当生命的属性越来越和大地接近时，我们头顶上的“窗户”就会关上，人就失去了和天直接沟通的功能。直到人类临终时它再一次打开。

其实，人身上有很多天人退化的功能痕迹。比如，脑前两眉之间有“松果体”[③]是人原来的“第三只眼”——那是真正心灵的门户。西方科学家就此专门做过研究，假使把一个人的双眼蒙起来，他用“心”依然能读出写在卡片上的数字。两个眉毛的中间，深入到太阳穴联机的位置。

燧人氏发现的钻木取火，解决了人最基本的生存问题，但这

① 囟门指婴幼儿颅骨接合不紧所形成的骨间隙。有前囟、后囟之分。前囟门位于前顶，呈菱形，约在出生后 12—18 个月时闭合，后囟门位于枕上，呈三角形，约在出生后 2—4 个月时闭合。人们常说的“天窗”或“囟门”指前囟门。

② 黄泉指人死后去往的地方。故古人以地极深处黄泉地带为人死后居住的地下世界，也就是阴曹地府。

③ 松果体位于间脑脑前丘和丘脑之间。为一红褐色的豆状小体，是人体的第三只眼睛。随着生物的进化，这第三只眼睛逐渐从颅骨外移到了脑内，成了“隐秘的”第三只眼。在两眉中心向后方的沿在线，在头脑的中间偏后一点的地方，镶于我们中脑后方的一个扁锥型小体，大小及形状近似一颗豌豆。

个时候，百姓还是以狩猎捕鱼为生的；而神农氏则用农耕代替了狩猎，把华夏从一个游牧狩猎的状态转型为一个以农为本的民族，可以说，这是从荒蛮走向文明的标志，这一点非常重要。

四、亲尝百草

神农尝百草的故事，应该是家喻户晓了。他的这一举措，开中国医药学之先河。很多经典都有记载，《神农百草经》[①]："神农一日遇七十二毒，得荼而解之。"《开辟演绎》："后世传言神农乃玲珑玉体，能见其肺肝五脏，此事实也。"《搜神记》[②]："神农易赭鞭鞭百草，尽知其平毒寒温之性。"传说，神农氏的身体是透明的，每吃下去一种东西，就能看见它在肠胃里千回百转的变化。在那时，人类缺少庇护，随穴而居，经常因为一点小病无药医治而丧命。神农氏不忍族人受病痛之苦，发愿要尝遍天下间所有的药草，用自己通透的身体作试验，并观察到每种药草在肚子里的变化，便懂得如何对症下药了。他先来到都广之野，从建木登上了天帝的后花园，想取一种叫做"瑶草"的仙药。恰好遇到了在花园巡

① 《神农百草经》简称《本经》，是现存最早的中药学专着，约成书于秦汉时期。书内记载的药物凡 365 种，分上品、中品和下品三品。

② 《搜神记》是一部志怪小说，搜集了古代的神异故事共四百多篇，开创了中国古代神话的先河，作者是东晋史学家干宝。

游的天帝，被神农氏的行为感动了，特赐他一条“神鞭”，只要鞭打一下草药，就能知道它的药性。带着帝赐的神鞭，神农氏继续他辨药的旅途。然而神农氏还是发现茶、使用茶的第一人。“茶”最早叫做“荼”，“荼”者“查”也，能查人疾病，最开始是被作为一味珍贵的药材使用的。“日遇七十二毒，得荼而解之。”这片不起眼的茶叶，可是救了神农氏的命呢！直到后来，茶的发展与醍醐甘露齐名，被奉为全生、养德、修道的宝物，广泛地应用在每一个领域，还走出了国门，得到世界的青睐。茶把它的第二次生命奉献在水里，给予了每个捧起茶杯的有缘人。在我们看来，茶是炎帝神农氏精神的延续，慈悲的味道、淡薄的口感，已不能用言语来逐一道明。愿我们在喝茶时，能常常想起祂吧。

五、赖以生存

《周易·系辞》:“日中为市，致天下之民，聚天下之货，交易而退，各得其所。”炎帝神农氏让百姓们在日中之时，互相交易货物，通其有无，这是“贸易市场”的前身。俗语说，“日出而作，日落而息”，我们跟着太阳的脚步，白天劳作，晚上休息。日中，就是日在中天的时候，也就是“午时”，上午的 11 点到 13 点之间，对应的是十二消息卦之一的姤卦䷫。姤者，遇也，阴遇阳，柔遇刚。一阴迎五阳，这个阴爻的力量特别强大，因为从姤卦（只有一个阴爻）到坤卦（六爻皆阴），之后的阴爻全部都是由底部的这个“先头兵”生出来的。在阳气最盛的地方，阴气已经悄悄在底部升起，变化也先从初爻开始。

《易经·卦辞传》对姤卦是这样描述的：“一阴迎五阳，其女不可娶。”一个女子遇到五个男子，六人的关系还能够互相平衡，说明此女的能耐非常大了。“不可娶”，“娶”者“取”也。这样的能量不能为人所用，因为独阴能顶住五阳的压力，犹如一个举重 200 斤的运动员，缓缓地站了起来，后劲无穷，不容小觑。

姤卦对应的是夏天最后一个节气——夏至。夏者，假大也，特别是到了小满的时候，谷物看起来鼓鼓的，很饱满的样子，但其实里面还没有真正成熟。只有走过夏至，到了大暑，谷物的内在才完全充实起来，麦穗稻穗压弯了腰，脑袋恨不得垂到地里去。现代科学家做过证明，仲夏的树叶还是鲜艳的正绿色，而入秋后（斗建图中对应“未”）的树叶是墨绿色的。从理论上讲，一天中应该是正午最热，因为日照当空，太阳直射地球，离我们的距离最近。但是我们发现，最热不是正午，而是未时（13 点—15 点）的时候，因为太阳午时的热量要未时才达到地面，这是时间差异和天地距离交叉的结果。

对于阴阳而言，各有分工，阳是成就万物的：夏三月，不论好坏所有东西都在郁郁葱葱地生长——五谷社稷在长，杂草蓬蒿也在长，就相当于“小满”的时候，没有办法辨认出个中优劣。

而阴是制裁万物的，像铁面无私的法官手里拿着一把剪刀，在秋三月把夏天“假大”的那部分一刀剪掉：万物都有生长的权利，但是想被留到最后，不被“裁”去，就只有成熟、饱满、真实的东西。这就是为什么要在秋天收割的原因了，经过大自然的筛选和淘汰，留下来的一定是最好的、能过冬的食粮。这就可以解释为什么是“日中而市”了，这是在告诫大家：到了中午，就是阴气生发的时刻了，阴阳交战，能量交换。此刻要以道义来规范行为，整肃身心，那么在交易的时候，就要拿出最好的东西来做诚信买卖。“日中”其实又是礼法的象征，所以世间的一切交易，都有一定的规则，规则即是礼法的演变。

日中之时，阴阳相交，“致天下之民，聚天下之货，交易而退”。货者，地之宜也，是大地生产出来的适宜当地的居民生存的东西。什么是交易呢？就是互通有无，把我拥有的给你，把你拥有的给我，双方交换的东西一定是彼此没有的。我们想一想，所谓“方以类聚，物以群分”，大地之宜，均离不开木、火、土、金、水五行，无非是各方的某一“行”的属性偏多而已。开辟这样一个市场机制，就等于在五行上进行互补互足。大家把各地的物产拿出来交换，天下的五行之物都俱全了，各地的五行之气就平衡了。

例如：东边靠海，那里的人叫做“东夷”。靠山吃山，靠水吃水，东夷人经常吃海产、鱼类，越是吃海里的东西，体内摄取的盐分就越多，人就特别容易得关节病。所以，要做出适当的调配，当地人不能总是吃当地方的物产，还要适当地吃其他地方的食物。解决的方法就是“交易”，东西南北，河海川平，以一物交易一物，以一物对治一物，此种即是遵循着五行相生相克的道理。而中原就是一个“最划算”的地方，中原人种植五谷，聚五方之气，那里出产的东西是天下皆宜、性味中和的，最受四方民众的欢迎，交易获得的东西也最多，一直是人们最向往的地方。

所以，交易的岂止是货物这么简单呢？无形中，是五行之气的交换，是能量的交换，其原则就是“损有余而补不足”，之后五行之气再回到各自本守的地方，这才是真正的“各得其所”！人在任何一个地方都可以聚五行五方之气，这才能算是一个平衡的人，他的生命能量才相对平和。虽然各地还是存在着差异，但是相对来讲，中原更加平衡，因此历朝历代大家都要“逐鹿中原”。

神农氏为什么平衡人与人、方位之间的差异呢？他的这一举措，对人类的正常生活起到了很重要的作用。因为这是一个阴阳的世界，五行造人，既是五行，就难免会存在相生相克的关系。如果五行各在其位、各居其所，它的独立性过于明显，就一定会发生矛盾，相互克制，不能兼容。一方水土养一方人，你所处的地方受五气所秉，所以人的性格脾气各异。北方属水，南方属火，如果南方人和北方人相遇，就像是水和火的交融，差异太大，就只能相争了！连历史也很难幸免，帝王之间的朝系更迭，就是五行的相生关系，便用生灵涂炭的“战争”来体现的。而“交易”能减少五行能量配比的差异，减少了这个差异就能避免许多的冲突和纷争。

第四，治麻为布

以往，人的身上披裹着的是野兽的皮毛，现在北欧靠近北极圈的地方，爱斯基摩人就还是以皮毛为衣的。非洲的原始部落，族人也身穿兽皮，这是狩猎文化的代表之一。神农氏教人以桑麻为布，制成衣裳，这是用本民族的衣着来彰显以农耕经济为主体的华夏文明。

第五，做五弦琴

《太平御览》：“神农氏始作五弦之琴，以具宫、商、角、徵、羽之音。神农氏还是琴的创制者，最早的琴也是以他的名字来命名的，历九代，至文王复增其二弦曰少宫、少商”，琴的构造就完全确定了。有诗写得好，“泠泠古琴本五弦，文王武王各增添”，即是讲的这个事情。

一张琴，从琴头到琴尾共长三尺六寸六分，象征一年有三百六十又五日。上面有五弦，宫、商、角、徵、羽，分别对应土、金、木、火、水，以应天地之德。琴面圆而琴背方，模拟天圆地方的世界结构。琴背处还有一处“龙池”一处“凤沼”，正好一阴一阳，小小的一张琴，罗布了天地的大道理。自古琴瑟不分家，在祝贺别人新婚燕尔的时候，我们常用到“琴瑟齐鸣”这个词，因为琴瑟所发出的声音属性分别为阴阳，齐鸣即是阴阳和合。这两种乐器搭配在一起，可以奏出非常美妙的声音。而瑟和琴不同的是，它是带码子的，挑拨演奏的。瑟为阳，琴为阴，前者多用于宴会中，是演奏给别人听的，后者多是独处时弹给自己听的。

伏羲氏削下凤凰栖息的梧桐木，神农氏以木制琴，黄帝的大臣素女把琴和瑟分开，少昊作《九渊》，颛顼命令飞龙定乐[①]（），五帝都很注重音乐的发展。乐者，和也，起到调和众音的作用。“和”是很难做到的，也就是现在讲的“平衡”。五弦琴就是五行琴，弹琴就是找到五行平衡的过程。这其中分为两类，第一是自身的平衡：岳飞在一首词的最后写道：“欲将心事付瑶琴，知音少，弦断有谁听。”[②]琴的声音很小，不像其他乐器一样具备表演性，它是含蓄而内敛的，好坏都是弹给自己听，所以又叫“文人琴”，为个人修身养性之用。第二类是人与人、天地的和谐，就不能不依赖琴来完成了。这和前者的自我内循环是两种不同的境界，它需要强大的表现力来彰显，要利用音乐来和天地沟通。

“匏土革，木石金。丝与竹，乃八音。”三皇五帝、尧舜禹、

---

① 《说文》：五声八音缌名。乐记曰：感于物而动，故形于声。声相应，故生变。变成方，谓之音。比音而乐之，及干戚羽旄谓之乐。

② 宋·岳飞《小重山》。

夏商周每一个朝代开国奠基，都会创作属于自己的大乐（太乐），皆由“八音”的相互调配，组成气势恢宏的乐章。在祭祀的时候奏响，辅以舞蹈，希望把地上人的心愿与渴求诉之于“乐”，传达给最上层的神明。

第六，削木为弓，以威天下

神农氏还用一种特殊的木材制成了弓和箭，法器一立，帝王的威仪就树立起来了，正式开创了炎帝一朝以火德王天下的局面。到后来，发生了炎帝和蚩尤、黄帝之间的战争，是因为炎帝传到第八代榆罔的时候，虽然是神农氏的后代，但是王天下的德行已经不具足了。居天子之位而无天子之德，自然就引起了四方诸侯的不服，以蚩尤为首揭开了叛乱的序幕。最终，炎帝朝被黄帝轩辕氏接替，天下大势由“火”转向了“土”，那就是另外一番新气象了。

第七，制作陶器

陶器的原材料取自于最简单的大地之土，先用水和，让土变成泥，再用火烧，就成了最原始的生活器皿。水与火堆泥土的作用，可以用一卦“水火既济”[1]来说明清楚。坎水在上，离火在下，成阴阳相交之象。“火”指“心火”，“水”指“肾水”，“土”就

---

① 水火既济卦，䷾，《易》第六十三卦。坎上离下，上卦代表水、下卦代表火，水火互济，阴阳平衡，通称“水火既济”。序卦传云：既济，定也，安定之象。

是中宫，指“脾胃”。脾胃为人体三焦[①]之一，正好处在正中间，道家称为中丹田。它就像是个容器一样，当心火和肾水没有在此处相交时，脾胃的能量便是分散而不集中的。那水火相交，在中宫发生了反应和作用，这是在对体内食物发生作用吗？不是的，这是在加工我们生命的能量，让它像一个真正的陶器一样有形，成为聚拢和合的整体，这样的能量才有大用。

火是离，水是坎，水火听上去是两个矛盾的极端，但从它们的本质而言，是正好互补的。如果我们把八卦看做是个大家庭，乾、坤为父母，那么长女为巽，长男为震，中女为坎，中男为离，少女为兑，少男为艮[②]。如何判断男女呢？乾坤卦加起来共有六个爻，这都是他们生命里最纯正的阴能和阳能，于是，父母把自己的精华都分别给了各个子女。在其余的六卦里，真正起到主导作用的就是那单独的一个阴爻或者阳爻——这就是他们从父母的血脉里继承的精华，同时这一爻也决定了孩子的性别。以长男长女为例，长男震卦两阴在上，一阳在下，就是父母在结合后生下的第一个男孩，秉承了父亲身上纯阳的能量；同理，长女巽卦，两

① 《素问·灵兰秘典》：“三焦者、决渎之官、水道出焉。”中医学范畴中六腑之一，又名“决渎之官”，为上焦、中焦、下焦三者的统称，与身体代谢有关。

② 《易·说卦》：乾，天也，故称乎父。坤，地也，故称乎母。震一索而得男，故谓之长男。巽一索而得女，故谓之长女。坎再索而得男，故谓之中男。离再索而得女，故谓之中女。艮三索而得男，故谓之少男。兑三索而得女，故谓之少女。

阳在上，一阴在下，秉承的是母亲身上纯阴的能量。坎水和离火在这个家里处在居中的位置，坎中间的阳爻是父亲给的，离中间的阴爻是母亲给的，这两位最特别，中男具备开拓的勇气和魄力，但不失一番细腻的情怀；中女的脾气最为温顺柔和，却有不输男儿的巾帼之志。“他们”的相处总是能擦出奇妙的火花，水火既济的道理，我们在牛郎织女的故事里面还会细细道来。“少男”卦、“少女”卦也是这个道理。

总之，凡是用土制成的用具，都需要经过水的参与、火的淬炼才会成器。还记得女娲抟土造人吗？人的“成器”也不能离开它们，因为生命来源于一抔黄土，要面对脱胎换骨的挑战才能“成器”；然而到了生命的尽头，人是“不器”的，不可拘泥于自己固有的“器形”。因为我们终将会入土长眠，又变回一抔细土，化作春泥护二月红花，在来年花开之日，开启一段全新的旅途。

结语：

炎帝的故事至此就告一段落了，忽然发现，我们生活的方方面面、衣食住行都离不开祂的印记。炎帝神农氏就像是一位慈悲的师长，教会了人类的生存与生活，并一手扬起了华夏起航的风帆。师者音容已逝，但祂的足迹却遍布了天涯，世间的每一株药草、每一寸土地，都留下了祂衣袂的芳香。

第五章

轩辕息争

生活情态的法式

引语：

在深蓝的夜幕下，我们总会发现，有一柄由七星组成的“勺子”横亘在空中——那是天帝的专属车驾，巡行四方的工作就全靠它了。而人间有一位圣王，祂善察天象，效法帝车的形状，创造出地上辨别南北的车舆；祂以超凡的智慧与远见，率领着黎民百姓一同驱散了迷雾，冲出了困境，让世间重现清明之景。

只要有中国人的地方，就忘不了炎黄。黄帝轩辕氏，是我们姓氏谱上寻到的最久远的源头，祂挥一挥衣袖，华夏的枝叶就散开了，像燎原的星火一样，布满了九州……

经典记载：

黄帝造车，故号轩辕氏。

——《太平御览》卷七七二引《释名》

黄帝与蚩尤战于涿鹿之野，蚩尤作大雾，弥三日，军人皆惑，黄帝乃令风后法斗机作指南车以别四方，遂擒蚩尤。

——《太平御览》卷十五引《志林》

玄女为帝制司南车，当其前。

——《事物纪原》卷二引《黄帝内传》

昔黄帝令伶伦作为律。伶伦自大夏之西，乃之阮隃之阴，取竹于嶰溪之谷，以生空窍厚钧者，断两节间，其长三寸九分而吹之，以为黄钟之宫，吹曰“舍少”。次制十二筒，以之阮隃之下，听凤凰之鸣，以别十二律。其雄鸣为六，雌鸣亦六，以比黄钟之宫，适合。黄钟之宫，皆可以生之。故曰黄钟之宫，律吕之本。

——《吕氏春秋·仲夏季·古乐》

白话解：

1. 黄帝与蚩尤在“涿鹿”这个地方展开了决战，蚩尤利用法术作出了大雾，一直弥漫了三日，使得黄帝的军队受大雾迷惑，辨不清方向，一时间陷入了困境。后来，黄帝得到了九天玄女的帮助，命令风后效法天上的北斗七星，创造出辨别四方的指南车，并借机打败蚩尤，一举把祂擒获了。

因为黄帝造车的功绩，人们便尊称祂为“轩辕氏”。

2. 古时，黄帝命令祂的大臣“伶伦”创制乐律。伶伦从大夏山的西方，一直寻到昆仑山的北面，从一处叫做“嶰溪”的山谷中取来竹子。祂选择中空而壁厚均匀的竹子，截取两个竹节中间长度为三寸九分的一段，去吹响它，吹出来的声音像“舍少”一样，于是，伶伦就把这个声音定为“黄钟之音”，也就是五音之中的“宫音”。接着，伶伦便依次共制作了十二根长短不一的竹管，带到昆仑下，去听凤凰的鸣叫，借以区别出“十二音律”。雄鸟为“凤”，它的鸣叫共有六个声音；雌鸟为“凰”，它的鸣叫也有六个声音。伶伦把凤凰的鸣叫与十二根竹管吹出的声音做比照，发现都是和谐而一致的。所以，后世的十二音律，最早都是从“黄钟”派生出来。“黄钟”就是乐律的本源，而伶伦就是制乐定律的始祖了。

一、轩辕降世

关于五帝，大多只有只言片语的描述，但是这个时期在人类的发展历史上却起到了最重要的作用——从光音天下生开始，到逐渐成为“人”，到人类生命、生存、生活方式的建立与完善，五帝都在做同一件事情，是往后任何一朝都没有办法超越和比拟的。五帝的作为，就像是给这个新生的民族细心地裹上一层厚厚的襁褓，让她平安度过最脆弱的时刻；后世的帝王，则是给这位娇艳的姑娘穿上了一件件绮丽衣裳，锦上添花。中国人自称“炎黄之后”，前面我们讲到了炎帝神农氏，以及炎帝一朝的发展。现在，就要来认识紧随祂后面的一位赫赫帝王——黄帝轩辕氏。

炎帝朝系第八代的帝王榆罔，也是本朝的最后一位天子。他和黄帝轩辕氏相争，结果被黄帝打败了。从此，炎帝一族退出了帝位，天下由轩辕氏来继承，以土德王天下。战争，是两朝更迭在人间的显化，人间有显化皆因天上有变化，就让我们从天象上看看到底发生了什么。

天空中有一组星名叫做“轩辕”[①]，共有十七颗星组成，属于南方朱雀的柳宿，形状像一条蜿蜒的神龙盘亘。而“黄帝轩辕氏”的位置就在“轩辕”星的第十四颗——其中最亮的一颗。轩辕者，车辀（音舟）也，是指黄帝造的车。轩辕星在什么地方呢？只要找到北斗七星[②]，看向斗柄所指的方向，仔细辨认便会发现有一组星星的形状像一个人，那就是黄帝轩辕氏。他带着冠冕，手指向前方，器宇轩昂的样子。“轩辕者，黄龙体，主中央治四方”[③]，在天上有轩辕星，在大地上有黄帝轩辕氏，他在位时做了很多的事情，堪称一位伟大的“发明家”，比如仿造“帝车”创造”车辆；

① 星座名。在星宿北。共十七星，蜿蜒如龙，故称。其第十四星为一等大星，因在五帝座之旁，故为女主象。后多借指皇后。《史记·天官书》：“权，轩辕。轩辕，黄龙体。前大星，女主象；旁小星，御者后宫属。

② 北斗是由天枢、天璇、天玑、天权、玉衡、开阳、摇光七星组成的。天枢、天璇、天玑、天权组成为斗身，古曰魁；玉衡、开阳、摇光组成为斗柄，古曰杓。

③ 《史记·天官书》言：“轩辕黄龙体。”

制作鼎[①]、簋[②]、甑[③]等祭祀和生活器皿；制定完善的历法；定十二音律；还有房屋、蹴鞠（足球）[④]、六十甲子、衣裳、算术、医学、镜子、图书、弓箭、杵臼、冠冕，这都是黄帝和他的大臣、老师们一起发明的。以上所述，每一件都是在人类生活中起到了至关重要的作用。

二、仿制帝车

祂的名字“轩辕”二字都是“车”字旁的，所以，在所有的功绩中，黄帝仿照“帝车”制造了车辆是首屈一指的。什么叫“帝车”呢？《史记·天官书》曰：“斗为帝车，运于中央，临制四乡。”北斗就是天帝巡行四方的专用车辆。北斗有七颗星，从斗勺到斗柄，分别是：天枢、天璇、天玑、天权、玉衡、开阳和摇光，七

① 《说文》：鼎，三足两耳，和五味之宝器也。鼎，是三根立腿，两只提耳，是用来调和各种味料的宝器。盛行于商、周。用于煮盛物品，或置于宗庙作铭功记绩的礼器，以喻国家昌盛。

② 《说文》：簋，黍稷方器也。古代青铜或陶制盛食物的容器，圆口，两耳或四耳。

③ 《说文》：甑，实二鬴。厚半寸。唇寸。七穿。按甑所以炊烝米为饭者。古代蒸饭的一种瓦器。底部有许多透蒸气的孔格，置于鬲上蒸煮，如同现代的蒸锅。

④ 中国古代的一种足球运动。用以练武、娱乐、健身。汉刘向《别录》：“蹴鞠者，传言黄帝所作，或曰起战国之时。蹋鞠，兵埶也，所以讲武以知材也。”

颗星的连接起来像一把勺子的形状。在道家文化里面，北斗七星就是七位星君，他们的母亲名字叫“紫光夫人”[①]，相传她有一天在莲池沐浴，忽然感到有九朵莲花入腹，不久就生下了九个儿子。长子成为了“天皇大帝”[②]，也就是斗建乾坤终始图正中央的“勾陈”[③]；次子为“紫微大帝”[④]，其余的七子就是北斗七星。

所以，紫光夫人又被人尊称为“斗姆元君”，乃北斗之母也，在道家里的地位非常高。另外，“斗姆元君”是佛教大护法摩利支天[⑤]的化现。经典记载，这位菩萨上管三十六天罡[⑥]，下管七十二地煞[⑦]，二十八星宿都归她的座下。祂的坐骑是七只猪，代

---

① 紫光夫人亦为北斗众星之母，即斗姆元君。《太山玄灵斗姆大圣元君本命延生心经》：“斗姆为北斗众星之母，斗为之魄，水为之精。

② 天皇大帝，全称勾陈上宫天皇大帝，道教“四御尊神”之一，是斗姆元君的长子。《晋书·天文志》：“勾陈宫中一星曰天皇大帝，其神曰耀魄宝，主御群灵执万神图。

③ 古代星官名。勾陈有星六颗，辅玉皇大帝执南北二极和天地人三才，统御众星，掌人间兵革事。现北极星即为勾陈一。

④ 紫微大帝，全称中天紫微北极太皇大帝，居紫微垣。紫微大帝的职能是：执掌天经地纬，以率日月星辰和山川诸神及四时节气等自然现象，能呼风唤雨，役使雷电鬼神。

⑤ 摩利支女神为佛教护法菩萨，梵文“摩利支”意为光明，所以在藏地被称为“光明天母”，具有广大自在神通，念其名号能速离灾厄，诵其咒语能够隐身免受诸难。

⑥ 星神名。道教认为北斗丛星中有 36 颗天罡星，每颗天罡星各有一个神，合称“三十六天罡”。

⑦ 星神名。北斗丛星中还有 72 颗地煞星，每颗地煞星上也有一个神，合称“七十二地煞”。

表了北斗七星。为什么是七只猪呢？“北斗注死，南斗注生”，即是北斗掌管人间所有人的死事，而死亡对于一个人来讲是生命的终结，古人把万事万物发展到终结称为亥，其代表就是猪。宇宙中的秘密、极秘密都隐藏在被凡人经常忽略的文化中，不可不详察。

在天上看见了北斗七星，顺着斗柄的指向，就找到“北辰”——北极星的所在。“北辰”并不是一颗具体的星，而是古人认为的天空正中的位置，传说那里就是天帝的居所。每隔一段时间，天帝的帝位就会发生变化，从前是“天枢”星居北辰位任天帝，现在是“勾陈”，再过一万四千年便换成了“织女”星居天之正中——每一次天上更换天帝，人间就会发生巨大的变动。“北辰”是整个天空中唯一相对不动的点，而北斗七星便是天帝的御驾，也是调动四方的“指挥棒”，每一年，天帝都会坐在“斗勺”的位置，开始巡游四方。帝王要去的方向，就是“车驾”行驶的方向，也是斗柄所指的方向，二十八星宿都会跟着斗柄的转动开始一周天的循环，并且影响着地上一年四季的变化。《鹖（音和）冠子·环流》[①]云：“斗柄指东，天下皆春；斗柄指南，天下皆夏；斗柄指西，天下皆秋；斗柄指北，天下皆冬。”在没有指南针以前，地上的百姓就通过观察斗柄的指向来判断方位，精确无比。

可见，“帝车”北斗是多么重要。《史记·天官书》云：“斗为

---

① 先秦道家著作。

帝车运于中央，临制四乡，分阴阳，建四时，均五行，移节度，定诸纪，皆系于斗。”北斗可谓是天纲天纪的象征，乃天帝发号施令、运筹帷幄之所，这就是真正的天地之机枢，帝车一动，天下莫敢不从，如同向湖心扔下一块石子，随即泛起阵阵的涟漪。

黄帝轩辕氏模仿天上“帝车”的样子，在地上发明了专门给人间帝王用的“指南车”。“指南”最开始不仅是辨别方向的意思。在这辆车的前面，有一个木制的小人，不论车轮转向何方，祂的手臂永远指向正南方。祂就是天上诸神的代表，居于北故指南。为什么要“指南”呢？在天文上，以北辰为尊，形成众星辰背南参北的格局；地理上，我国的地势北高南低，坐北朝南便是居高临下、俯瞰万物；人伦上，帝王居于北位，向来以北方位尊，南方为卑。圣人面南而治，就是天地人合一的风水格局，其中更是蕴含了中国文化的风水之道。

三、大战蚩尤

黄帝轩辕氏战胜了炎帝一族后，蚩尤连同苗裔的部落也来挑衅，刚开始的时候，黄帝一方总是吃败仗。《志林》[①] 一书中记载

---

① 《志林》曰：黄帝与蚩尤战于涿鹿之野，蚩尤作大雾，弥三日，军人皆惑。黄帝乃令风后法斗机，作指南车以别四方，遂擒蚩尤。

道："蚩尤作大雾[①]，弥三日。"蚩尤使出作雾的本事，把黄帝的兵马团团困住，在大雾中什么都看不见了。最后，还是上天派诸神来解了围，神明教黄帝发明了一种能辨明方向的车驾，突出了重围——这就是"指南车"。

上古时期，地球上还没有人类，只有天上的神。后来光音天的生命下界游玩，被大地的新鲜事物吸引，又吃了过多的盐，导致身体变重，回不到光音天上去了。这时，他们虽然被迫留在地面，但生命中依然有神的属性，人间也还有很多和天界互相连通的地方。所谓"天子"，即是天道之子，多数都是上天派来的，以圣王之身显化。如果祂们在人间遇到了困难，天上的神明就会下来帮助祂。黄帝轩辕氏一生有很多位老师，但要数最重要的一位还是此次与祂解围的神明——九天玄女[②]。黄帝朝系的建立，轩辕氏一生的成就，以及他的"骑龙朝天帝"和最后归位"轩辕星"，都得益于九天玄女的帮助。她的身份非常特殊，九天玄女者，乃

---

① 《尔雅·释天》："地气发，天不应，曰雾。"接近地面的水蒸气，遇冷凝结后飘浮在空气中的小水点，使地面能见度降低，这种天气现象称为雾。

② 《太平广记·西王母》："黄帝讨蚩尤之暴，威所未禁，而蚩尤幻变多方。征风召雨。吹烟喷雾。师众大迷。帝归息太山之阿，昏然忧寝。王母遣使者，被玄狐之裘，以符授帝曰："太一在前，天一在后，得之者胜，战则克矣。"符广三寸，长一尺，青莹如玉，丹血为文。佩符既毕，王母乃命一妇人，人首鸟身，谓帝曰："我九天玄女也。"授帝以三宫五意阴阳之略，太一遁甲六壬步斗之术，阴符之机，灵宝五符五胜之文。遂克蚩尤于中冀，剪神农之后，诛榆罔于阪泉，天下大定，都于上谷之涿鹿。

织女也。《汉书·天文志》[1]云："织女，天帝孙也。"织布，就是经线、纬线的交错穿插；那么天上的织女，就是经纬天地、订立纲常的人，祂直接参与天地的建设和管理，是天上极为重要的神明。前面我们也说到了，一万四千年后，"织女星"将居北辰位，即是成为下一任的天帝，可见轩辕氏的这位老师实在是非同一般！

蚩尤其人，原本是黄帝的大臣。祂是黄帝朝系里最早的一名历官[2]，黄帝还是因为得他的帮助而制定出了历法。《太平御览》[3]卷七九引《龙鱼河图》云："蚩尤兄弟八十一人，并兽身人语，铜头铁额。"[4]蚩尤有九九八十一名兄弟，都是铜头铁额、刀枪不入的。这是在表法意，因为历法对于每一个朝代来讲是固定不变的，特点就是"固"，那么蚩尤是历官，所以他的生命就以无比坚固的形态存在了。

蚩尤造反，是因为他不愿服从黄帝的统治。蚩尤是炎帝朝系的人，在轩辕氏没有成为帝王时，就已经在管理历法了。两个朝

---

① 《汉书》是东汉时期（公元25年—公元220年）最重要的历史著作，由东汉史学家班固所著。

② 历官是执掌历法的官员。

③ 《太平御览》是宋代一部著名的类书，为北宋李昉、李穆、徐铉等学者奉敕编纂。全书以天、地、人、事、物为序，分成五十五部，包罗古今万象。

④ 《太平御览·龙鱼河图》："黄帝摄政前，有蚩尤，兄弟八十一人，并兽身人语，铜头铁额，食沙石子，造立兵仗刀戟大弩，威振天下，诛杀无道，不仁不慈。"

系的更迭，历法首先会发生变动——因为每一朝的开国皇帝都会根据当下现实的天地状况，重新在旧朝历法上做出调整，以便适应于此时代的发展和人民的生活。所以，黄帝战蚩尤，从表面上看来，这是两军的对垒，各出奇招，未分胜败；实际上，天、地、人三者是合一的，也是全息的，地上发生的一切事情，都是因为天上产生了变动，实际上是炎、黄两代历法的变异和更迭。战火不平，也是因为人间帝王与天不能相应有关。“作雾”代表了什么意思呢？“雾”者“误”也[①]，眼前有迷雾的遮蔽，就容易误导我们分不清东西南北；朝系更迭、烽烟四起，令民众们无所适从，不知道哪一位才是真命天子，不知道是何人能带领着百姓冲破迷雾、走向光明。

炎帝神农氏和黄帝轩辕氏都做过《易》。炎帝叫做“烈山氏”，也叫“连山氏”，他所定的《连山易》是这以“山”——艮卦为首卦。他是第一个把伏羲氏所画的八卦演变为六十四卦的人。也许我们都认为演六十四卦的只有周文王，其实不然，文王并不是第一个“因而重之”的人，他羑里所推出来的六十四卦只是适用于说明商周交替时期天地之间的关系，只是把这段天地之间的关系整理清楚，并记录下来了。后世把伏羲氏作的卦画连同周文王推演的

① 《广韵》元命包曰：阴阳乱为雾。《传》误，失也。

六十四卦，加上孔子著作的《十翼》[①]统称为《周易》，不是周朝之易，而是以乾卦为首自强不息、周而复始之意。

到了黄帝朝系，天地的格局又发生了一次大的变化。黄帝的《归藏易》，是以“坤卦”为六十四卦之首的。“坤”对应大地，而黄帝最后是以土德王天下，它们两者是相应的，都和“土”有关系。

伏羲氏始作八卦，“八”的最小基本单位是“二”（阴阳）；到了后来，八卦演成六十四卦，由单卦两两重迭变成上下卦，六十四卦的演绎无不彰显着《易》的运用与变化。由基本单位的“二”（阴阳）到“八卦”的形成，再重而叠之到六十四卦的完备，可见数量越大，变化就越丰富复杂，但终究没有离开“阴阳”这个基本单位的变化，万变不离其宗。音律也是如此，定黄钟之数是八十一，八十一的基本单位是九，九的最小基本单位是三。由此可见，二和三就是所有事物的本数，是最基础的单位。二、三分别对应着方和圆，方、圆又对应着地和天。再复杂的术数都是从中生出来的。

天上有天帝来管理，那么谁来管理大地呢？就由“天子”——天的孩子来替上天打理。有什么方法呢？历史上的“五帝”，又

① 翼，辅助。孔子所作解释《周易》的著作。《易》的《上彖》、《下彖》、《上象》、《下象》、《上系》、《下系》、《文言》、《说卦》、《序卦》、《杂卦》十篇，总称“十翼”。

是“五方之帝”，时间上，他们是以朝系更迭的方式轮番登场的；空间上，五帝带领族人各分管东南西北中一方，每人各有一样权威的法器：

东方青帝威灵仰，手中执“规”；
南方赤帝赤熛怒，手中执“衡”；
中央黄帝含枢纽，手中执“绳”；
西方白帝白招矩，手中执“矩”；
北方黑帝叶光纪，手中执“权”。

中央黄帝也就是轩辕氏，他的法器是“绳”。“绳”是什么意思呢？即是“准绳”。“绳”就是标准，管理天地之间的法则。[①] 五位帝王所职的法器各有所主，说明他们的分工各有侧重，但最关键的是还是“绳”，其他的一切都是依照标准来建立的。所以，天帝会派一些神明来制定相应的标准，先把天上的标准定好——星辰的运转、经纬的分布，再定天地之间的标准——昼夜、四季、物候的变化，然后安排不同的神明到人间当“圣人”，行使

① “规衡绳矩权”，五方五帝法器。孔颖达疏：“规所以正圆，矩所以正方。”《史记》：“平权衡，正度量，调轻重。”权，称锤；衡，称杆，称量物体轻重的器具。《前汉·律历志》：“规圆生矩，矩方生绳，绳直生准。”五方五帝持法器示以准则、法度，以正天下。

教化之职。“在天为神，在地为圣”，最早的时候，帝王和圣人是合一的，例如黄帝、炎帝、尧、舜、禹，祂们即是宣布教化的圣人，又是统领万民的帝王，被称作“圣王”。圣人言“教”，帝王主“政”，在一个国家里，内圣外王，政教合一，是谓大同。

四、制历定律

圣王的作为既要上合天心，又要下化百姓，祂们都有一个特点：凡是对上的，就用“历法”来效法自然，顺应天道；凡是对下的，要用于教化百姓的，就要用“音律”来抚正人心。所谓“天出历以制地，地出律以应天”，“历”和“律”是协调天地关系的准则和标准。黄帝对于“律”“历”都有非常了不起的贡献。

历史上各个朝代都相应有“律历志”[1]，描述本朝“律”与“历”的关系，也就是当下和天地对应的关系，每个朝代都有自己历法的变化和调整。比如：黄帝定下来一岁之初以“子”（十一月）为首，颛顼以“亥”（十月）为岁首，到了夏朝是“寅”（正月）为岁首，殷商以“丑”（十二月）为岁首，周朝又是以“子”（十一月）为岁首。其间虽然还会有变化，但是到了汉朝，又延续了夏历，重新确立以“寅”为正月，一直延续到今天，我们所谓的过

① 《律历志》亦作“律厤”。指乐律和历法。

年就是“正月初一”这一天。[1]

历法需要根据天地时机变化作出调整，而“律”演化就相对要固定一些。“律”的第一次变化，先生出了“度、量、衡”：“度”[2]是长度，代表了平面横向的测量；“量”[3]是体积，是空间的测量；“衡”[4]是重量，是整体的评估。律的第一次变化，就生成了有长宽高、空间体积重量的三维物质世界，六律六吕对应长度体积重量的换算，都和“律管”着有密切的关系。

实际上这个世界并没有“发明”和“创造”，有的只是“发现”和“模仿”，人类的智慧是永远无法和天地自然相比较的。因此黄帝命大臣伶伦去制定音律。所谓“制”，并不是祂“创造”出来的，只是效法天地，准确地把法于阴阳、合于术数的关系运用出来而已。

《吕氏春秋·仲夏纪·古乐》云：“昔黄帝命伶伦作为律，伶伦自大夏之西，乃之阮隃之阴，取竹之嶰谷以生空窍厚均者，断两节间长三寸九分而吹之，以为十二筒，听凤鸣以别十二律，其

---

① 古六历是黄帝、颛顼、夏、殷、周、鲁六种古历的合称，是我国最早的历法。周历、黄帝历建子，以子月为岁首。殷历建丑，以丑月为岁首。颛顼历建亥，以亥月为岁首。夏历建寅，以寅月为当年第一个月：正月、岁首。

② 《说文》：度，法制也。《前汉·律历志》度者，分寸尺丈引也，所以度长短也。本起于黄钟之长，以子谷秬黍中者，一黍之广，度之九十分，黄钟之长，一为一分，十分为寸，十寸为尺，十尺为丈，十丈为引，而五度审矣。

③ 《说文》：量，称轻重也。能容之谓量，龠、合、升、斗、斛所容受。

④ 《前汉·律历志》：衡，平也。所以任权而均物，平轻重也。

雄鸣为六，雌鸣亦六，故曰黄钟之宫，律之本也。”“大夏之西”就是昆仑山，“阮隃之阴”是指昆仑山的阴面，取“嶰谷之竹”。[①]这种竹子有一个特点，它的管壁很圆、很均厚的，而且上下粗细相当。伶伦取这种竹子断成不同长度的十二节，在竹管内埋入蒹葭之灰（芦苇烧成的灰，至轻），把它们按十二地支的顺序排列埋在地底下，等候中气和节气[②]的到来。

月　份	节气（节）	中气（气）
正月	立春	雨水
二月	惊蛰	春分
三月	清明	谷雨
四月	立夏	小满
五月	芒种	夏至
六月	小暑	大暑
七月	立秋	处暑
八月	白露	秋分
九月	寒露	霜降
十月	立冬	小雪
十一月	大雪	冬至
十二月	小寒	大寒

中气和节气的“气”均是天地之间阴阳相交的所产生出来的

① 昆仑山北谷名。刘良注：“嶰谷，山名，生美竹。”

② 古代历法以太阳历二十四节气配阴历十二月，阴历每月二气：在月初的叫节气，在月中以后的叫中气。如立春为正月节气，雨水为正月中气。

变化，比如说，天气下降，地气上腾，二气交汇于是形成了云雨。“雨”是水，属于阴，之所以从天而降，是因为阳能伴随阳气下行，把地上的海水变成水蒸气带到天上去了。在地上阴气的作用下吸引天上阳气下降，又因阳气的作用，把阴气带上天空，变成雨水甘露，滋润万物，阴阳不停地转换，就形成大自然中水系统的循环。阴阳的相互作用又会产生风，《周易·系辞传》云“鼓之以雷霆，润之以风雨”。“风”[①]就是“气”，其实就是两种能量的相互鼓荡。有“风”便有“声”，声音在一定的振动频率上我们就能听见。实际上，万物皆有声，只不过是人类听不见而已，万物本身就在不断地运动、发出声音，表面上看好像静止的，其实是人的目力、耳力不能达到而已。《道德经》云：“大音希声”，每一天，太阳东升西落、月亮昼伏夜出，地球也有自转和公转，只要运动就会产生声音，那为什么我们听不到呢？原来，声音大到了极点就和静到了极点没有什么区别了。

所以，伶伦等候的时机，就是阴阳两种能量相互作用所产生的“气”。古人为了总结“气”的变化规律，就制定了“二十四节气”。

于是，等到冬至子时，一阳来复，最长的那根竹管感地底阳能的鼓动，吹得管内蒹葭灰上扬而起，发出“噗”的声音——这

① 《说文》：八风也。东方曰明庶风，东南曰清明风，南方曰景风，西南曰凉风，西方曰阊阖风，西北曰不周风，北方曰广莫风，东北曰融风。风动虫生。故虫八日而化。

就是十二音律的第一个音——“黄钟”。古诗云：“冬至子之半，天心无改移。”就是讲的这个规律。

“听凤凰[①]之鸣，以别十二律，其雄鸣为六，雌鸣亦六。”“十二音律”也有阴阳之分，六律为阳（黄钟、太簇、姑冼、蕤宾、夷则、无射），六吕为阴（大吕、夹钟、仲吕、林钟、南吕、应钟）。凤凰的叫声就等于是“气”在竹管内，振动发出的声音。所有的气和能量，都需要经过一个“器”，才能产生波动的声音，就像箫、埙一样。“器”有个特点，一定是中空的。古琴[②]的声音是从哪里发出来的？就是人在拨弦时，空气通过琴体和岳山同时的振动，回到“龙池”和“凤沼”，在琴体内中空的位置产生了振动。这个振动所发出的声音既有琴器本身的振动，又有空气的振动，两者相互合成。“匏土革，木石金，丝与竹，乃八音”，通过“器”发出的声音，叫做“八音”，就是八类不同的乐器；它们发出的声统统可以归纳成五种——宫、商、角、徵、羽。“单出为声，杂比为音”[③]，把不同的“声”巧妙地组合起来，就成为了音乐。而

---

① 亦作“凤皇”。古代传说中的百鸟之王。雄的叫凤，雌的叫凰。通称为凤或凤凰。羽毛五色，声如箫乐。常用来象征瑞应。《诗·大雅·卷阿》：“凤皇鸣矣，于彼高冈。”

② 又称瑶琴、玉琴，梧桐木料制成，属八音中的丝，音色深沉，余音悠远。《太平御览》：“神农氏始作五弦之琴，以具宫、商、角、徵、羽之音。历九代，至文王复增其二弦曰少宫、少商。

③ 引自《孟子注疏卷二》。

人们就把“声”的高低、清浊称之为“律”。

气，无论是从地下往上，还是从天上往下，都是阴阳能量的相对变化概念。例如春夏秋冬的变化，其实就等于是阳能在上下运动：春天，阳能从地上开始缓缓上升；夏天，阳能到达了最高点；秋天，阳能从天上徐徐下降；冬天，阳能蛰伏在了地底。所以，阴阳二气是相对的，也可以把它看做是一种气的相互转换。《道德经》云：“天地之间，其犹橐籥乎”，天地就像是个大风箱，其中有百分之百的空间和百分之五十的气体能量。造物主把风箱向左拉去，气体多一些，空间便少一些；向右拉去，气体少一点，空间就多一点。令我们看上去，就好像存在两种相互变化的能量。这又为我们提供了另一个角度来理解“阴”和“阳”的关系。所以，“十二音律”的产生即是阳气穿过这个器皿所发出的声调高低——“阳气历器”的过程。

五、凤凰和鸣

大臣伶伦在等候“气”的到来时，为什么说有同于“凤凰之鸣”呢？因为确实就有凤凰在旁边守候着，它也在等这个“气”。凤凰应和天地的变化，每逢阴阳交节时便会鸣叫。凤凰是有羽之类的灵长，这类生命都是卵生的，也就是从蛋里面孵化出来的，各种的鸟都是如此。

这个地球上的生命可以分成五大类：鳞、羽、毛、甲、倮虫。人属于倮虫类的灵长，身上有九窍，分别是五官（眼耳鼻舌口）七窍加前后二阴。那么卵生的生命有几窍呢？羽类八窍，比人类少了生殖之窍。因为卵类是“纯想而生”的，不需要去阴阳的交合，这类生命的思想特别炽盛，竟然已经到达了能繁衍后代的地步。思想最大的特点就是灵活，我们常说，思想就像插上了飞翔的翅膀一样，它的跳跃性大，且能凭借心的力量超越时空，游行内外。如果一个人总是去思维，他的生命就会变轻，以至于可以驾驭重浊，飞离于大地之上。所以我们看见凡是能够飞的动物，它们的生命都偏阳性，鸟就是这类型的代表。佛教称想多的人即会轮转为卵生生命。

凤凰是有羽之灵长，也是百鸟之王。凤凰和朱雀一样，在南方，为离卦，对应的是火——纯阳之体，又被称为“不死之鸟”，也是佛教里的护法“大鹏金翅鸟”。我们常常形容一个人经历磨难，获得新生的过程叫做“凤凰涅槃”。这是因为凤凰专门以水中的龙为食物，龙多是水中之物，属于纯阴之体，它们的身体里有极寒之毒。当一只凤凰吃了五百条龙的时候，阴阳相争。这种寒毒积聚在凤凰的身体里，至寒就转化为至热，变成了从自身燃烧出来的火焰。火焰烧尽了，寒毒也不见了，新的凤凰便迎来了伟大的重生。

所有的声音都是阳气舞动而产生的风，而凤凰是纯阳之体，与此相应。凡是发声的，一定和鸟类有关。鸟有八窍，乐器就有八类，产生了八音。伶伦把这个规律本然地整理了出来，把声、音、律结合在一起，按照音调的高低之差，交错而成，谱出旋律，填上诗歌辞赋，加以有剧目、情节、故事等舞蹈的编排，再配上各种服饰，所有的这些加在一起便叫“乐”。从此开始，为了纪念伶伦，凡是从事和音乐有关职业的人就被称为“伶人”。

《吕氏春秋·应同》云：“黄帝之时，天先见大螾（音引）大蝼，黄帝曰：土气胜。”说的是在黄帝轩辕氏统治的时期，在土地里出现了巨大的蚯蚓，这是黄帝以土德王天下的缘故，天地应以相同的祥瑞。

黄帝轩辕氏在位时，还做过许多利益人类的事情，而最至关重要的就是上述的“造帝车”和“作历定律”两件。因为人类一切的生活方式，皆是建立在天地历法和律法上面的，以此确立了他成为中央天帝的地位。最后，黄帝轩辕氏是被一条从天而降的神龙接走的，一并离开的还有祂的数十位文武大臣。当使命完成，祂以最华丽的方式谢幕。从出生到隐没，一曲大乐奏毕，洪钟绕耳，余音涤荡，世间再无此绝唱。祂同时把烙印深深注入了我们的血液里，从此，我们就多了一个惊天动地的名字——炎黄！

第六章

仓颉造字

观察宇宙的标尺

引语：

如果没有文字，我们将看不见古人遗留下的灿若繁星的经典；如果没有文字，中国文化的长河将不可能流传至今依然涛声彻耳；如果没有文字，人类将失去一条归家的准绳，彻底迷失在这片苍茫的大地上……你想过吗？文字不仅是人与人交流中必不可少的工具，它们还是汇聚了天地灵气的使者，生于方寸，遁于太虚，小则精妙，大化无形。

这一切，还要从那位生有四目的圣人开始说起，若我们能够解读文字的故事，便会深刻触摸到每个字符背后蕴含的密码；粒粒珠玑，就像眼角垂落的泪珠，带着无尽的悲愿，把回家的路途与你一一倾诉。

经典记载：

仓帝史皇氏，名颉，姓侯冈，龙颜侈哆，四目灵光，实有睿德，生而能书，又受河图录书，于是穷天地之变，仰观奎星圆曲之势，俯察龟文鸟羽山川，指掌而创文字。

——《春秋元命苞》

昔者苍颉作书，而天雨粟，鬼夜哭。

——《淮南子·本经训》

颉有四目，仰观天象。因俪乌龟之迹，遂定书字之形。造化不能藏其秘，故天雨粟；灵怪不能遁其形，故鬼夜哭。是时也，书画同体而未分，象制肇创而犹略。无以传其意故有书，无以见其形故有画，天地圣人之意也。”

——《历代名画记·叙画之源流》

白话解：

仓颉姓侯冈，后人又尊称祂为“史皇氏”。祂一出生便能作书写，相貌威武堂堂，有异于常人的是，祂有四目，能够观察到事物更为深远的变化，可谓是德高而睿明。后来，祂受到了《河图》、《洛书》的启发，又穷尽了天地的变化，抬头仰观星斗圆弧曲直的变化之势，低头俯察大地山川的纹理、鸟兽林禽的运动，终于将一切的规律都了如指掌，创造出了伟大的文字。传说当仓颉造出文字时，天地造化的秘密都被窥探一空了，苍天悲悯人类的生存，便将百谷的种子像下雨一样降落下来；而文字中又揭示了鬼神灵怪的奥秘，使之不能神秘地遁形了，故每到夜晚，大地上便会传来鬼怪饮泣啼哭的声音。

而在古代，书画同源同体，并不能明确地分开，要来传达天地的意义便有了“书”，要来表现万物的形象便有了“画”，这都是圣人慈悲的心意啊。

一、苍天雨粟

仓颉是黄帝轩辕氏①的大臣。其人“龙颜侈哆，四目灵光”，四只眼睛，现在听起来非常怪异。但是这在中国的历史上一点都不稀奇，例如鲁班等，都是“四目”之象，凡是具备大能的圣贤在外貌上总有异于常人的地方。仓颉是华夏文字②的始祖，他利用比常人多出那双眼睛，用比常人更广阔的角度去观察这个世界，还能够获取到常人无法了解的、与天地沟通所收集到的能量讯息。

仓颉奉黄帝轩辕氏之命担任创造文字的重任，在他成功之

---

① 少典之子，姓公孙，居轩辕之丘，故号轩辕氏。又居姬水，因改姓姬。国于有熊，亦称有熊氏。以土德王，土色黄，故曰黄帝。“生而神灵，弱而能言，幼而徇齐，长而敦敏，成而登天。”

② 《说文解字叙》：仓颉之初作书，盖依类象形，故谓之文，其后形声相益，即谓之字。文者物象之本，字者言孳乳而浸多也。

后，竟然发生了“天雨粟”[①]的景象——天上像下雨一样落下了五谷粮食。在古代，天不仅仅会下雨，落下其他东西的现象也非常普遍，甚至有记载过落下各种巨大的鱼类。[②]现代科学对此的解释，竟是因为龙卷风把水中的鱼卷到天上去，又因为天上的空气寒冷，就把鱼儿像下雨一样地落回到了陆地上。这种解释当然无法苟同，因为上天所作的每次示现都有祂的含义，而不是这种无端的巧合——只是凡夫还没有办法破解开其中的奥秘罢了。

古代有一本书名叫《大唐开元占经》[③]这是唐代开元年间，关于占卜的一部著名经典。书中就讲了很多关于天象的占卜，其中有“雨占”一说，详细地记载了天上落下了各种各样的动物、物品、珠宝、钱等等的案例。在《开元占经・卷三・天占》中有：天雨禽兽、雨虫、雨鳖、雨骨、雨羽毛[④]、雨金银铁钱等记载。原来，天上是真的会掉下“馅饼”的。而依照落下的不同事物，就能够预示出国运将来的发展和走向；这是上天的暗示，和这个国家将要遇到的事情有着密切的关系。

---

① 高诱注：“仓颉始视鸟迹之文造书契，则诈伪萌生，诈伪萌生则去本趋末、弃耕作之业而务锥刀之利。天知其将饿，故为雨粟。”

② 《大唐开元占经・卷三・天占》中：“《天镜》曰：‘天雨鱼鳖，为兵丧，万民流亡’。《洪范传》曰：‘天雨鱼鳖，国有兵丧。’”

③ 唐瞿昙悉达撰，是中国古代天文学著作之一，此书又记龙鱼虫蛇占，均占物异。

④ 《天镜》：天雨羽毛，是谓兴人不常，弃亡，前后有丧。不出九年，兵马兴。

那么“天雨粟”，传达给人类什么重要的信息呢？不仅如此，大家还在夜晚时分，似乎还听到了鬼神在伤心地哭泣，产生这些现象的根本原因到底是什么？下面就是揭开谜底的时刻了：

首先，我们要意识到，文字的诞生，标志着中华文明的正式开始；同时，亦是宇宙道体与人类生命的一个巨大退步。在我们光音天[①]的祖先最初来到地球的时候，祂们依然是天上标准的“诸神”，地球不过是一个落脚点，闲来娱乐一番。渐渐的，祂们贪吃了海水中的盐巴，身体变得越来越重，不能时常返回到天上去了，祂们的生命里慢慢出现了有关“人”的属性。[②]后来，随着对地球上事物的依赖愈来愈强，身体里“人”的属性就一天天地增多，直至有一天神性殆尽。这片陆地不再是天人任由往来的游乐场，而成为了祂们赖以生存的“家园”。

同理，文字的出现，就是文化和文明的起点，说明人类已经和大地产生了无法分割的联系。恰似一声霹雳惊雷，把天人原本就渺茫的“回家”希望再一次震得支离破碎了。从此，我们只好对脚下的土地一声唤“母亲”，却忘了人类真正的“母亲”在此

---

① 佛教语，意译作极光净天。此天为色界十八天之第六天。此天绝音声，以光为语言，即是说此界众生不使用语言，仅以定心发出光明来互通心意，故称之为光音天，亦泛指二禅天。根据佛教的传说，地球人类的祖先，即来自光音天。

② 佛经《起世因本经》云：“劫出以来，一切人类，皆从光音天降，乘空而行，不由母腹。追食粳米之后，因有筋脉骨髓，成男女之相，淫欲从此生焉。”

重重天上，上天默默为这群流浪生死的孩儿悲伤垂泪。

造化不能藏其秘，故“天雨粟，鬼夜哭”。“粟”[1]是五谷[2]之一，是人们吃的粮食。

当人类完全要和上天脱离联系的时候，便只好教会我们独立生存的办法，为我们创造“活下来”的基本条件：洒下五谷的种子让百姓耕种，使人类建立以“农耕”为主的生存方式。作为父母，这是对离家出走而不愿回眸的子女们，最无奈也是最慷慨的馈赠了。我们会发现，黄帝轩辕氏在位的时候，做了很多发明创造的事情，如：制衣裳、造舟车、造文字、定律吕[3]、出度量衡等等不胜枚举。还有蚩尤[4]造出兵器——虽然他是黄帝的劲敌，但也给了我们提供了很多“自我保护”上的启示，这是“生活”方面的。还有“社会结构”方面的，黄帝确立了以“家[5]庭”为社会最小的基本单位；并教男女婚配，成立家庭，始通房事，生育

---

① 《说文》：嘉谷，实也。今北方通称“谷子”，去皮后叫“小米”。

② 俗指：稻、黍、稷（小米）、麦、菽（大豆）。《大戴礼记》的记载，五谷又有：麻（大麻）、黍、稷、麦、菽的说法。

③ 古代校正乐律的器具。用竹管或金属管制成，共十二管，管径相等，以管的长短来确定音的不同高度。从低音管算起，成奇数的六个管叫做“律”；成偶数的六个管叫做“吕”，合称“律吕”。

④ 古代九黎族首领。以金作兵器，与黄帝战于涿鹿，失败被杀。

⑤ 家，篆书写作，《说文》：居也。从宀，豭省声。（豭，公猪也）。上面是“宀”（mián），表示与室家有关，寓意生生不息，下面是“豕”，即猪。“豢豕之生子最多。故人居聚处借用其字。久而忘其字之本义。使引伸用之。

子女，延续后代。祂还按照各自的强项，为满朝的大臣们分配任务，集众家所长，组成了一支强大的“研发团队”，建立出了一套适应人类生活的完整模式。在黄帝轩辕氏这一世结束后，人类就可以完全自主地生活了。“自主”者，“自助”也。从今尔后，唯有在地上勤奋地耕耘、踏实地劳作，用自己的力量来克服难题了。

所谓的“天雨粟，鬼夜哭”，不仅指的是文字的确立，还是指人类生存方式的成形。这就像是一把双刃剑：我给你一个好东西的同时，也伴随着负面的信息，万物一阴阳也。《道德经》曰：“祸兮福之所倚，福兮祸之所伏。”祸福从来都是互相转化的，如果把握不当，好事也有可能变成一件伤害自己的坏事。在讲炎帝神农氏的故事时，我们就提到了西方的普罗米修斯盗火种和中国燧人氏发现的钻木取火。这对人类的生活带来了翻天覆地的改变，我们不再吃生冷的食物，冬天也可以靠火来御寒取暖了。这似乎是非常好的事情。然而，“火”是不属于人间的。五行中的另外四行“木土金水”都是我们可以实实在在摸到的事物。唯独是“火”，它飘忽不定，必须依附另外的东西存在，不受人类的掌控。可见，“火”是属于天界的，你盗取了天界之物，就必定要受到惩罚。所以，普罗米修斯被绑在了高加索山[①]的悬崖上，每天被

① 高加索山东西走向，在黑海与里海之间，是亚洲和欧洲的地理分界线，同时也是俄罗斯和格鲁吉亚、阿塞拜疆等国的国界线。海拔 3，000 米以上，山顶终年积雪。

恶鹰啄食内脏，吃掉了，晚上又会长出新的。日日都遭受着地狱般的痛苦，一天之内，一死一生，永无间断。“盗火种”对于人类来说是一件好事，但天神不是这样认为：火的出现使得人类对这个环境更加依赖，就必须利用大地上生产的东西来生活。表面上看，“火”在人类的发展文明史上起到了推动的作用。可是站在天的角度，这位不速之客的到来恰恰像一把枷锁，把人类牢牢地锁在了大地上，所以要对盗火者进行惩罚。

而从另外一个角度来看，盗火者明知有这样的结果，可是为了让人类幸福地生活，甘愿承受这样的命运，替人类背负着惩罚。这是一种什么样的精神啊！

世界上所有的宗教都以生命的回归作为最终去向，并一直在探索着各种各样的方法来实现。在儒家[①]里叫“明善复初”，以“仁义礼智信”作为修身的基础，它告诉我们“人之初，性本善”，其“本善”的“善”不是与“恶”产生二元对立的“善”，而是“止于至善”[②]的“纯一之善”。人性本善，皆因后天习气、环境所染着而蒙蔽纯善之性。儒家宣导以五德修身，去除习性，回归生命本初的纯善，因而圆满自己的道德。从圆满自己的道

① 崇奉孔子学说的学派。其学派崇尚“礼乐”和“仁义”，提倡“忠恕”和“中庸”之道。

② 《大学》：大学之道，在明明德，在亲民，在止于至善。

德入手，一步一步回到生命最初始的阴阳未判[①]、混沌[②]一片的状态。

道家[③]把它叫做“返本归源”，主张顺应自然之道，修性炼命，回归到本然的道体之中。它提出了很多实际修炼的方式方法。其中有一种方法叫“断火”。所谓“断火”，就是不能吃所有经过火加工的食物。比较熟悉的还有“辟谷”[④]，就是“不吃饭”的意思，和“天雨粟”落下的五谷杂粮切断关系：上天不是给人类确立了以“耕种”和“食五谷”的生存方式吗？“辟”者“避”也，偏偏要避开它，脱离它对人类的束缚规律。只有这样，才能重新找回原本纳受天地精气的先天“食道”，不再需要以熟食来维持生命。“辟谷”，辟的不仅是五谷的谷物，还是在指不要吃用火加工过的东西。慢慢地，把自己从人类生命的大规律中抽身出来，便可以不受它的掌控和束缚了！

---

① 《淮南子·俶真训》：“天地未剖，阴阳未判，四时未分，万物未生。”宇宙混沌一片，万物未生之时。

② 盘古开天辟地之前天地模糊一团的状态。

③ 先秦时期的一种思想流派，以老子、庄子为代表。道家的思想崇尚自然，主张清静无为。

④ 源自道家养生中的“不食五谷”，是古人常用的一种养生方式。《庄子·逍遥游》：“藐姑射之山，有神人居焉。肌肤若冰雪，淖约若处子，不食五谷，吸风饮露，乘云气，御飞龙，而游乎四海之外……”

二、结绳记事

文字是信息传导的工具，除了使用文字，我们还可以通过肢体语言、眼神来传递信息。那么在仓颉造字以前，人类是怎么样互相沟通与交流的呢？《历世真仙体道通鉴卷之一》写道：“帝既得龙凤之图书。仓颉之文，即制文字，以代结绳纪事之政。”文字代替了古老“结绳纪事”的方法。

什么叫“结绳纪事”[①]呢？这可不是每天发生了什么，就在绳子上打一个结记下来这么简单的。

天有五星[②]，地有五行，五行（木火土金水）分别对应着天上的五帝，例如：青帝为东方的天帝，祂在人间的示现就是“太昊伏羲氏”。同理，还有南方赤帝、西方白帝、北方黑帝和中央黄帝，各守护一方天下。五方五帝都是忉利天主释提桓因[③]的手下，释

---

① 文字发明前，人们所使用的一种记事方法。即在一条绳子上打结，用以记事。

② 汉刘向《说苑·辨物》：“所谓五星者，一曰岁星，二曰荧惑，三曰镇星，四曰太白，五曰辰星。”即木、火、土、金、水五大行星。

③ 帝释天，全名为释提桓因陀罗，意译为能天帝。《杂阿含经》卷40：“佛告比丘：‘彼天帝释于诸三十三天，为王为主。以是因缘故，彼天帝释名因提利。”佛教认为他是忉利天之主，座骑为六牙白象。原为印度教神明，主管雷电与战斗，统领天界，后为佛教所吸收，成为佛教的护法神。民间亦将道教的玉皇大帝等同于帝释天的说法。也即是希腊神话中的宙斯，祂的武器也是雷电。

提桓因就是常说的“玉皇大帝”、“太一”[1]或者“北辰”[2]。这五位帝王各拿着各的法器[3]，来协助天主的管理，所谓“五方五帝，执规矩权衡绳而治五方”也。

以下是五帝与其所执法器的对应图：

南（衡）

东（规） 中（绳） 西（矩）

北（权）

“结绳纪事”，可不是在讲人间人事的概念，这是在描述天界发生的事情。天上的五方神明各拿着他们的“规矩权衡绳”，来维护世界的规律和法度。中央黄帝所执的是“绳”，准绳是也，是五件法器里面最重要的，因此居中。以祂为代表，把参赞天地、化育万物的天地间大事叫做“结绳纪事”。

织女，也就是“九天玄女”[4]，祂是世界建制的管理者，用“经

---

① 神界皇帝、天庭之元首；在道教神系中是天界地位最高的神之一。《史记·五帝本纪》郑玄注云：“昊天上帝谓天皇大帝，北辰之星。”玉皇大帝最早被认为居住在北极星，又称太一.

② 《尔雅·释天》：北极谓之北辰。北极星是指最靠近北天极的恒星，是北半球能见到的极星。《观象玩占》：“北极星在紫微宫中，一曰北辰，天之最尊星也。

③ 在宗教上，泛指在佛教、道教里，供仪式使用的器具，皆具表法之义。

④ 《古文龙虎经注疏·卷上》玄女演其序章注：“玄女乃天地之精神，阴阳之灵气。神无所不通，形无所不类。知万物之情，晓众变之状。为道敖之主也。玄女亦上古神仙，为众真之长。”九天玄女即先天真仙，且为正义之神。九天者，中央及八方也。传说有香火处，九天玄女都会闻香倾听人间苦难。

线”和“纬线”织出天地这件“大衣裳”。所谓的“绳”无非横竖，也就是“经纬”[①]二线。“结绳”，就是在做“经纬天地”的事情，诸神把这根准绳来回地交错，织出一张天罗地网，把三界[②]都网罗其中，按照各自不同的规矩来作息生活。绳网就像是边界一样，是只能遵循，不可逾越的。因为这是天条，天上制定的法律。

“纪事”，并不是指把事情记录下来。“纪”者，“纲纪”也。古人云：“以罔罟喻为政，张之为纲，理之为纪。”[③]如果用捕鱼的大网比喻为政，那么把大网张开、抛向空中，就如同天子在制定一个国家的法度，此为“纲”[④]；把网中的一丝一线分理清楚，枝节上把握权衡的便为“纪”。我们常说，“纲举目张”，意思是把渔网上的总绳一举起来，其余的网眼便随之全部张开了——当中心主线确立下来，剩下便是按部就班地去执行。“天网恢恢，疏而不漏”，看上去当中疏空错落，但其实，天地间没有任何事、任何地方是不存在“纲纪”的，完全没有余漏的机会。人事也是如此的，种瓜得瓜，种豆得豆，自有因果[⑤]做最公正的评断。我

---

① 织物的纵线和横线。南北为“经”，东西为“纬”。

② 佛教用语，指有情存在的三个领域：欲界、色界、无色界，构成世间。此乃迷妄之有情，在生灭变化中流转。

③ 郑笺云：“以罔罟喻为政，张之为纲，理之为纪。

④ 《说文》：纲，维紘绳也。

⑤ 在佛教中，是论述因缘业报（因、缘、果）的学说。因和果辗转相生，谓之因果报应。因果通于过去、现在和未来。

们也许能逃得过众目睽睽，但永远都逃不出因果的大网。

那么“天纲”是怎么样体现的呢？就是用漫天星辰的变化来体现的。不同的星辰连结在一起，被划分成青龙、白虎、朱雀、玄武四个区域，再细分就是二十八宿。这就是天上的“结绳纪事”：把界定星宿的区域叫做“绳”；星与星之间无形的连线组合说明了祂们的关联性，这叫做“结”。而划分好了区域之后，“纪事”就是在安排分工，让天上的星官们各自去负责不同的任务。例如，“河鼓二”[①]大亮，就是会有战争；白天不见太阳，晚上不见月亮，就说明朝廷上的君臣各有私谋；火星荧惑[②]出现，就代表有灾殃等等，这些在《大唐开元占经》里都有详尽的。

而人间的“结绳纪事”，就是通过观天象，把星宿运行的轨迹用绳结模拟出来，这样，我们便能总结出天道运转的规律，以此来指导人类日常的生活。这就是人法地，地法天。所以，“结绳纪事”中有“天人合一”的道理，在天界是经纬的创造和管理，在人间是规律的模拟和效法。

在前面我们一直强调，人类的祖先来自光音天。而实际上，人类的先祖遍布诸层天，每一层天都有我们曾经的伙伴。在西方的经典里有类似的描述：地球上总共出现过四代人类，第一代是

---

① 河鼓三星，在牵牛北，主军鼓。盖天子三将军也，河鼓二，中央大将军也。

② 即火星，是离太阳第四近的行星。因为它荧荧如火，位置、亮度时常变动让人无法捉摸而称之为荧惑。

从天上下来的，毁灭于饥饿；第二代毁灭于火灾；第三代是猿人的进化，毁灭于自相残杀；第四代是处于“太阳与水”阶段的人类，毁灭于洪水。不仅仅我们东方人认为人类是天人下凡而来的，西方也有很多这样的实例，这是“全人类”的生命共性。

像著名的史前文明“亚特兰蒂斯”，又叫做“大西国”，传说这是一个由海神波塞冬创造的神秘国度，是一片拥有高度文明的史前大陆，后来因为一场海啸而使整个国家沉入了海底，再也没有找到它的踪迹。“复活节岛”是南太平洋上的一个岛屿，当地的人更愿意把它叫做“世界的中心”，在岛上有许多尊的巨型石像，它们高 5 至 10 米，每一尊都重达数十吨。至今也没有人能想出来，古代先民是如何把巨石运到岛上，又是如何雕琢而成的。这一切，和埃及的金字塔一样，只好归于外星人（此处特指天狼星）的功劳了。还有中国西夏王国，和诞生在南美洲的玛雅文明，都在一夜间蒸发消失，为后世留下了很多未解的疑惑。

如果我们站在天界诸神的角度上，这一切便不难理解了。为什么世界上众多的杰出文明都凭空消失，只留下遗迹？因为当一个地区、国家、民族的文明程度发展到了极致的时候，那里人民的道德水平也达到了圆满的境界，这时，地球上的规律对他们来说已经不适用了。他们的生命“挣脱”了“天罗地网”的局限，就不属于这里了。所以，国度里的所有人集体“搬家”，搬到比地球维度更高的地方去。浩瀚的宇宙里存在着很多的国度，就如同一个地球上有这么多的国家，他们一起“飞升”到另外的地方，继续生活。

因此我们相信，人类的祖先来自于不同的天界，从各个国度降落到地球上，他们有各自的“故乡”，那必定是有各自不同的“方言”了。沟通方式有异，层次也有高下之分，于是产生了不同的图腾、不同的神明、不同的宗教、不同的信仰。

那应该怎么样来解决彼此交流的问题呢？黄帝轩辕氏身为这个时期大地上的帝王，就请大臣仓颉来寻找一种方法，让大家都能够畅通无阻地交流，准确地表达出每人的心声。

仓颉创立了文字，以代替结绳纪事。随着历史的推移，离上古时期越近，人的生命与天道的结合得越紧密，就越容易能够感知到天地变化给人类带来的警示。自然灾害突然地发生，现代人只觉得这仅仅是大自然无心开的一个玩笑；但是古代人马上就能解读出来——天地要告诉我们什么信息。《易·系辞上》曰“天垂象，见吉凶，圣人则之。”越往后，人天的关系不断拉远，我们越来越看不懂天的意思。所以不得不依赖那些能看懂天意的人来帮助我们。最初，我们把这些可以和天地相沟通的精神首领称为“巫”[1]或者是“圣”。祂们用自己的生命，为地上的子民们架起一座与天地相通的桥梁。

---

① 《说文》：巫，祝也。，女能事无形，以舞降神者也。象人两袖舞形。巫以舞降神旨意，沟通天地。

三、字里乾坤

“字”的篆书字形为，上部为“宀”（音“免”），分娩之意，下部为“子”，全字是一个母亲分娩婴儿的形象。文字就是天地的孩子，它承载着自然的信息和规律来到我们的身边。圣王希望百姓在使用文字的过程中，能拉近与天地的距离。这也是黄帝轩辕氏命仓颉造字的本意，是方便信息的传达——不仅是人与人之间的，还是人类与宇宙之间的沟通。

仓颉用了什么方法呢？祂“仰观奎星[1]圆曲之势，俯察龟文鸟羽山川，指掌而创文字”。造字的过程就是观察天地自然的过程，因为一切的道理都已经蕴含在了万事万物当中。上天要告诉我们的话，早在创造万物的时候便已经说得清楚明白。于是仓颉便把天地间同类事物相通的地方一一总结起来，化繁为简，入整成零，终得字字珠玑。

佛教里认为，法界中一切的文字都是文殊菩萨[2]智慧的化身。

---

① 二十八宿之一的西方白虎宫的七宿之首的奎星，是主宰天下文运的大吉星。

② 《首楞严三昧经》下卷：“过去无量无边不可思议阿僧祇劫，尔时有佛，名龙种上如来，国名平等，乃至尔时平等世界，龙种上如来岂异人乎？即文殊师利法王子。”释迦牟尼佛的左胁侍菩萨，代表智慧。因德才超群，居菩萨之首，故称法王子。在久远劫已成佛，但为方便教化，利益众生，倒驾慈航，化作菩萨，协助释迦牟尼佛弘法利生，普度众生。

凡是我们能想到的生命种类，无论维度高低，都有属于自己的文字。

而且，每一界的文字一定都和那处的自然环境、众生的生命状态有着直接联系的。

文字是一种传递信息的生命符号，具备“形”“音”“义”三种特性。“义”取自于天，“形”取自于地，“音”取自于人。天地人三才[①]是合一的，文字的“形音义”也是统一的。大小不过方寸之间，就会聚了三才的能量；寥寥不过横竖几笔，就是图画、声音和思想意境全方位的展现。由此我们想到，文字起到了天地人之间传递与沟通的作用，而用一段声音、一幅图画、一个手势、一个眼神也可以起到这样的效果。这说明了什么？在这个宇宙中，我们眼睛看到的、耳朵听到的、四肢触摸到的、鼻子嗅到的、嘴巴尝到的等等，凡是身体与外界接触到的一切事物，它都能给我们传递出各种各样的信息。于是，外在的“色声香味触法”[②]都可以统统归属于“文字”这一类。因此“文字”的范畴无限地扩大了，甚至可以这样认为：自然世界中存在的所有事物，都是

---

① 指天、地、人。《周易 . 说卦》云：“立天之道曰阴与阳，立地之道曰柔与刚，立人之道曰仁与义，兼三才而两之。”

② 乃六尘，佛教用语。“尘”是尘垢，染污之义。我们眼睛所看到的景色（称为色尘）、耳朵所听到的音声（称为声尘）、鼻子嗅到的香味臭味等（称为香尘）、舌头接触到的酸甜苦辣味等（称为味尘）、身体所接触到的软硬冷热触觉等（称为触尘），及末那识所接触到的觉受譬如漂亮或丑恶等（称为法尘）。）

天地的文字。

但往往同一件事物，每个人对它都会产生不一样的看法——人的成长、家庭、阅历、学识等等多种因素决定了看问题的角度。同类生命的看法尚且还有天壤之别，那就可以想象，不同类别的众生摄受到天地所呈现的“文字”时所解读到的信息，一定存在很大的差异。

“看法”就是“境界”，也叫“见地”。个人的境界就决定了他生命的高度；一个民族的境界决定了她文化立足的高度。各个民族的文字不同，也是因为他们对世界的看法不同，由此而发展出了各式各样的语言、异彩纷呈的世界文化。中国有汉字，日本有片假名，美洲有拉丁文，印度有梵文，欧洲有英文，都不尽相同。动物有动物的文字，龙也有自己的文字——水的波纹就是龙的文字。古代的修道人来到河边，看到水面上波光粼粼的涟漪，马上就能知道今日水族发生的大事——这就像是我们每天看报纸读新闻一样清晰了然。比如弹琴，弦的吟揉到最后只剩下余韵，正是“此处无声胜有声”。“没有声音”在曲谱里还是有音长的。因此，世界上有“无声”的声音，也同样有“无色”的颜色。因此水的波纹和涟漪是水的文字，龙族[①]能够看得懂。云朵变幻的

---

① 龙族和蛇与水族有关，是一种一般住水里的东西，譬如河、海、湖泊和井里，但也有住地里的。

纹样也是一种文字，专门给天上诸神看的。古人仿照它变化的样子，创造了名叫“云篆”[①]的书法字体，写起来也像云彩一样飘洒俊逸。

有时形容一个人观察入微，就会用“明察秋毫”这个词语。大树、花草、掠过的清风等等，它们本身都是天地间信息和能量的载体，都在传递着各种讯息。一叶落而知秋，听蛙声而知雨。世界的奥妙语言，至简单也至平常，有时不妨静下来，感受世界最轻柔的抚慰，倾听它对我们诉说的声音。

最初的人类，依着不同生命特征相聚在地球，有天上的常住，有地上的部落，还有地下的居民——你原来住在一楼，我住在九楼，他们是住在地下室的……最开始各有各的形态，因了着各自的因缘，都在地球这个“集体宿舍”安家。大家长时间地生活在一起，原本差异的脾气、性格、习惯就会越来越相似，生命的属性就被逐渐同化，渐渐就趋向于同类了。于是，这个族群的圣贤只好给大家起一个相同的名字，叫做“人类”。

“人”有很多的含义，从篆书来看，是一个人弓腰低头的侧面，“面朝黄土背朝天”无疑是这类生命最真实的写照。人以地球为家，我们的脚下就永远离不开土地，而悬浮在头顶的天空，则成

---

① 清厉荃《事物异名录·仙道·道书》:“道家字，名云篆，又曰云书。”

为了遥不可及的地方。“人”也是“仁”[①]，种子之意。我们禀阴阳二气、五行灵秀所生，是天父地母怀抱中的一颗种子；同样，“天雨粟”，人也必须依赖五谷的“种子”为食，来维持生命的能量。然后，圣人还要为这个群体创立一种独立的交流方式，是为“文字”——这实在非圣人的本怀心意，乃是当时权衡方便的无奈之举啊！

海纳百川，有容乃大，求同存异，兼收并蓄，一直是中国文化的特质。

达摩祖师[②]东来，带来了禅宗[③]的法脉。缘于中土的滋养，金波罗花开五叶，自然结出了丰硕之果[④]；六祖[⑤]出自岭南，却传承得正法的衣钵。元、清二朝虽然是外族的统治，但是他们入主中

① 《说文》：亲也。，从人从二。仁者兼爱，故从二。又果核中實有生氣者亦曰仁。

② 简称达摩，印度人，为佛教中国禅宗初代祖师，其被尊称为“东土第一代祖师”。“菩提达摩”意译为觉法。菩提，“觉悟”也；达摩，“法”也。《易筋经》的撰写者、少林七十二绝技的创造者、将佛教禅宗带入中国的布道者。

③ 汉传佛教宗派之一，始于释迦佛，兴于震旦达摩，盛于东土六祖惠能，中晚唐后成为汉传佛教的主流。其核心思想为：“不立文字，教外别传；直指人心，见性成佛”。意指透过自身修证，从日常生活中参究真理，直到最后悟道解脱。

④ 《六祖大师法宝坛经》“付嘱第十”：“吾本来兹土，传法救迷情。一花开五叶，结果自然成。”

⑤ 惠能（638 年—713 年），俗姓卢氏，唐代岭南新州（今广东新兴县）人。相传得黄梅五祖弘忍传授衣钵，继承东山法门，后于韶阳曹溪宝林寺树立法幢，为禅宗第六祖。有《坛经》传世。

原后，努力学习本土文化，以汉为师，治国用兵无不是从汉典所出，最终成就数代的繁华。这些骁勇善战的外来民族，也在不知不觉中被汉文化所同化——我们把九州的土地都让给你，但是，从此你便是汉人了！

一者是我们的文化有容纳各家的独特魅力，二者是外族的确被其博大精深的内涵所折服，甘愿变成其中的一分子。这种求同存异的“包容力”是从哪儿来的呢？绝对不是圣贤凭空说出来的教条，正如前面所说，因为生命的本质就是这样的。人类来自不同的地方，是大地慈悲地“包容”了我们，使大家变成了一个融洽的整体；所以，我们向大地母亲学习，中华的文明也立足于“包容”——立足于人类生命的根本。

四、仰观俯察

让我们回到仓颉造字时的情景：“仰观奎星圆曲之势。”先是观天象，天象就是文字。例如，东边“角亢氐房心尾箕”。七组星连结在一起，就是一个“龙”字，甲骨文最早的“龙”（）就是这样写的。把南方“井宿”的八颗星拉开就是一个“井”字。仓颉站在大地上，仰望苍穹，根据方位的不同、气候的变化、四季的更迭总结出星象的规律，创造了一部分文字。

“俯察龟文鸟羽山川”，然后是看地理[①]。“俯察”就说明至少是要站高处才能够看到的，就像人在地上看蚂蚁才叫做“俯视”。站在天上来看地面，万事万物全都尽收眼底、一目了然了。这就告诉我们要把事物看清楚，就必须离开它，距离产生美的同时，也产生了事实和真相。仓颉看到了山川的脉络、河流的走向，还有鸟兽南北迁徙、昼出夜伏的规律。对圣人来说，这就像是观察自己手中的掌纹一样容易。

“远取诸物，近取诸身”可以说是上面的概括了。“远取诸物”就是天上天下的任何事物，不要把它只理解大地上的东西：日、月、星都属于“诸物”的范畴。五脏六腑、四肢百骸都是“诸身”。

仓颉在创造人类的文字时用了“仰观”“俯察”“远取”“近取”的方法。他的每一个动作都在为这类生命制定出属于他们的规律。比如，天人是没有五脏六腑的，这是人类特定的生命结构。为什么是五脏六腑呢？五和六，分别将它们乘以二，即是“十”和“十二”，一个是天干数，一个是地支数，天干为阳，地支为阴。当我们用天干和地支配比组成记年、月、日、时历法的时候，一阳一阴，一干一支互相配对，把它们全部排列出来（十和十二的公倍数），正好是六十个。在六十个干支组合里面，同一个天干

① 研究地球表面的地理环境中各种自然现象和人文现象，以及它们之间相互关系的学科。

出现了“六”次，同一个地支出现了“五”次。“六”本来是偶数，为阴，却表示天干，故“六腑”属于阳；“五”本来是奇数，为阳，却表示地支，故“五脏”属于阴。五六相加为十一，天地阴阳之数尽备矣。当人类在大地上定居，人类的身体便自然而然地出现了与此界天地对应的地方。所以，文字完成了，一切生活的常态、生命的常态也就被同时固定下来了，它们其实并没有先后之分，一锤定音，诸缘并生。

大家要明白：所谓的“造字”不是“发明”或者“创造”，最早只是仓颉从宇宙中，各类生命体的文字库里截取（把它们中的一小部分截取过出来），再变成我们“人类”能够看懂的文字。截取的是文字，更是文字下隐藏的宇宙能量信息。因为人类生命的不圆满，无法对自然信息能量百分之百地吸收和纳受，所以，仓颉便为大家稀释了一番，让人人均可看得懂，获得利益。

怎么能够看到这些呢？这就是圣人有异相，“四目”的含义所在了。祂比普通人多一双眼睛，就能看到比这层天地之外更广阔的世界，更深层的含义。“造字”的重任由祂来承担简直是再合适不过了！这种信息能量的衰变到现在依然进行着，比如日本的文字“片假名”就是从中国汉字演变而来的，尽管五十个“名”是法于大衍之数五十。就是在我们中国，文字从古至今也有甲骨、金、篆、隶、楷、行、草的发展。每一次变化，等于是“又下一层楼”，离道越来越远。最令人难过的就是近代正体字（繁体字）

到简体字的衰变，汉字的笔画“简便”了，其中承载的能量也“减变”了。如此，文字就大大地失去了它原来的效用了。

三皇五帝的功绩各有侧重。黄帝轩辕氏为少典之子，作为黄帝朝系的第一代帝王，这一生所做的事情，无非都是在为人类确定属于自己的生活方式。而太昊伏羲氏则不同，最著名的是“画八卦”，确立了天地与万物之间的关系。到了伏羲氏的妹妹女娲继位，做的大事便是“造人”和“补天”，祂使地球上的生命具备了相同的结构。既是能称得上“人”，一定都有两只眼睛、两只耳朵、一个嘴巴和一个鼻子等等，这是女娲负责的范畴。所以，自黄帝以后，无论是天地的建制，还是人类生命的结构、生存的模式、生活的方式都被固定下来了，后世的帝王，都是在前面的基础上进一步完善和发展。所谓“萧规曹随”[①]，大抵没有什么太大的变化。

中国的文化离不开天地，古人所创造的一切都是“法于阴阳，和于术数”[②]的。

在天上有木火土金水五星，木星为“岁”，火星为“荧惑”，土星为“镇”，金星为“太白”，水星为“辰”。因为天上有五星，所以地下木火土金水五行，代表了五大类事物的特征，对应的人体便有“心肝脾肺肾”五脏。天上有九宫[③]，地上对应有九州[④]，人体有也九窍[⑤]。天上有“十二辰”[⑥]（十二次）地上对应有十二月，

---

① 萧何创立了规章制度，死后，曹参做了宰相，仍照着实行。比喻按照前任的成规办事。

② 《黄帝内经·上古天真论》：上古之人，其知道者，法于阴阳，和于术数……度百岁乃去。

③ 古代天文学家将天宫以井字划分乾宫、坎宫、艮宫、震宫、中宫、巽宫、离宫、坤宫、兑宫九个等份，在晚间从地上观天的七曜与星宿移动，可知方向及季节等资讯。

④ 古代分中国为九州。说法繁多。其中《尚书·禹贡》作冀、兖、青、徐、扬、荆、豫、梁、雍。豫州是中心，其他州环绕豫州。

⑤ 指耳、目、口、鼻及尿道、肛门的九个孔道。《周礼·天官·疾医》：“两之以九窍之变。”郑玄注：“阳窍七，阴窍二。”

⑥ 古人将黄道附近的一周天的十二等份自东向西配以子丑寅卯十二地支，即十二辰。

十二辰、十二次

丑	子	亥	戌	酉	申	未	午	巳	辰	卯	寅	十二辰（自东向西）
星纪	玄枵	娵訾	降娄	大梁	实沉	鹑首	鹑火	鹑尾	寿星	大火	析木	十二次（自西向东）

人体有十二节。天上有二十八星宿，地上亦有二十四节气，那么在人身上就对应的是“脊椎骨”。脊椎能活动的一共是二十四节，而不能活动的尾椎骨是由四节连在一起的骨头组成的。二十四加上四，正好二十八。二十八配天，二十四配地，人体脊椎骨的变化恰恰反映了人从天落到地的退化过程。同时，“二十八”还是一个月的天数。

在天地人三者之间，还能找到很多相互对应的地方。因为，“三才”本来就是一体的，均是从无极混元之气中化生而来。虽然从合一变成分离，但它们的属性并没有消失，反而因此存在着妙不可言的联系。

五、鬼神夜哭

在这里，我们再来探索“鬼夜哭”的原因。如果是因为人类和天地距离变远而伤心地哭泣，应该叫做“天夜哭”才对。那么“鬼夜哭”，是因为天地之间的秘密之事，可以被文字完完全全地解读出来了，诸鬼无以藏匿了。由于现在的“文字”源自多种文字的源头，并被仓颉重新地融合在一起，变成了一个信息能量的综合体。里面各种各样的文字都有，当然也有来自其他界的“文字”了！我们试想，单是一个简单的汉字就包含了无尽的信息，像大家最熟悉的“心”字，原来心字的篆书还和人体解剖出来的心脏是一模一样的。

中国古代道家里的《五岳真形图》[1]，看上去像符号，其实也是天地的文字，祂居然是五岳从空中鸟瞰的等高线图。试问，古人是怎么看见的？

当现代文明和古代文明产生碰撞的火花，我们重新来认识自己的文化，才会感叹它的精妙与神奇。

“灵怪不能遁其形，故鬼夜哭”[2]，鬼者归也，归其真宅是也[3]，它们是属于阴性的，所以鬼怪最害怕日光，白天都不敢现形，唯有在夜晚出没。当人类发觉了这些阴阳两界隐秘的规律，灵怪就无处遁形了。像道家里有“画符”一说，“符咒”[4]就是一种文字，它的样子古怪，由单字的多个部首拼凑在一起，一张小小的符咒往往被附加了很大的能量。道士手拿着桃木剑[5]，将书写的符咒用

---

① 道教符箓，太上道君所传，有免灾致福之效。今河南登封县嵩山中岳庙内存有此图的碑刻。晋葛洪《抱朴子·遐览》：“道书之重者，莫过于三皇文，五岳真形图也。古人仙官至人尊秘此道，非有仙名者不可授也。”

② 《历代名画记》：造化不能藏其秘，故天雨粟；灵怪不能遁其形，故鬼夜哭。

③ 《列子·天瑞篇》精神离形。各归其真，故谓之鬼。鬼，归也。归其真宅。

④ 《说文》：，信也。汉制以竹，长六寸，分而相合。符箓是符和箓的合称。符指书写于纸、帛上的笔画屈曲、似图非图的符号、图形；箓指记录于诸符间的天神名讳秘文。道教用符箓召神徕鬼，趋吉避凶，降妖镇魔，治病除灾。

⑤ 道教法器，《说文》：桃者为五木之精，亦称仙木。故有辟邪镇宅的作用；

火点燃，就会对鬼怪魂魄[1]起到制约的作用。灵怪看见了符咒，就如同听到了号令一样，不敢不从。所以，“鬼夜哭”哭的是从此以后，天地间的秘密被揭开，人类使用文字就有了驱使它们的能力。

结语：

前面我们都在讨论文字出现对人类的影响，其实“仓颉造字”一事并不存在褒贬、好坏、善恶、优劣的二元判别，就等同于普罗米修斯从天上盗取了火种，只是因为天神和凡人所处的角度不同，所以才产生了好坏相对的比较。当世的帝王也只是顺时而为，做他们应该去做的事情而已。“天雨粟，鬼夜哭”，这是给上天留给人类子孙的一条生路。可是从人的角度来看，文字的出现就如同地上有火一样，带来了无穷无尽的方便，甚至对文化的确立也起到了关键性的作用。不能忘记，每一次的变化是“退步”，但也同时是“机会”，我们利用这些文字，能够从蛛丝马迹中找到与天、与地、与人之间亲密的联系。既然文字是让人类生命整体

---

① 旧指附于人体的精神灵气，古代认为魂是阳气，构成人的思维才智。魄是粗粝重浊的阴气，构成人的感觉形体。人死魂（阳气）归于天，精神与魄（形体）脱离，形体骨肉（阴气）则归于地下。道书《云笈七签》云：“夫人有三魂，一名胎光，一名爽灵，一名幽精。”七魄是：尸狗、伏矢、雀阴、吞贼、非毒、除秽、臭肺，皆“身中之浊鬼也”。

走下去的台阶，那为什么我们不能调转头来，拾阶而上，沿着它一步一步的足迹，重新回归到原本的故乡呢？文字再重要，也不过是“工具”的一种，既是工具，便为人所用。

如同“指月之指”，虽然指头指向月亮，但指头毕竟不是月亮本身。要想真正看到月亮，眼睛一定要离开指向月亮的手指。这是禅告诉我们的真理。我们定能舞弄好“文字”这把双刃剑，剑走贯虹，锋中求胜，直破长空——相信这才是圣人仓颉的本意！

第七章

夸父逐日

周行不息的精神

引语：

每一天，我们都好似是焦急赶路的行者，从没有停下来歇息过。

脚步在来回地奔波，目光没有一刻放弃过对好乐的追逐，连心念也不是完全听从我们的指挥，一会儿窜去海角，一会儿跑到天涯。在劳劳碌碌的时间里，我们不禁要自问一声：分秒都不得闲的你，到底在追赶什么？哪里是终点？哪里又是身心可以安顿的地方呢？

古代的巨人夸父也和我们一样，祂向太阳追问，以孜孜不倦地奔跑，来寻求解惑的究竟答案。祂步履所至之处，大地上仿佛都生出了咚咚震荡的回响。最终，伟岸的身躯像山岳般隐没了，却还留有一片桃林待人欣赏，当每年的初春来临，又重新点燃了生命的芬芳。折一枝桃花罢，那是夸父的精魂，谁又能想到，雄浑的生命外表下，竟是一瓣瓣悲天悯人的心肠？

经典记载：

夸父与日逐走，入日；渴，欲得饮，饮于河、渭，河、渭不足，北饮大泽。未至，道渴而死。弃其杖，化为邓林。

——《山海经·海外北经》

夸父不量力，欲追日影，逐之于隅谷之际。渴欲得饮，赴饮河渭。河渭不足，将走北饮大泽。未至道，渴而死。弃其杖，尸膏肉所浸，生邓林。邓林弥广数千里焉。

——《列子·汤问》

大荒之中，有山名曰成都载天。有人珥两黄蛇，把两黄蛇，名曰夸父。后土生信，信生夸父。夸父不量力，欲追日景，逮之于禺谷。将饮河而不足也，将走大泽，未至，死于此。应龙已杀蚩尤，又杀夸父，乃去南方处之，故南方多雨。

——《山海经·大黄北经》

帝榆罔者，名姜克，帝衰子也。帝衰崩，夸父立，是为帝榆罔。帝榆罔之时，诸侯相侵伐，暴虐百姓，而帝榆罔弗能征。北狄黄帝，闻神农乱，以应龙为将，师熊、罴、貅、貙、虎为前驱，雕、鹖、鹰、鸢为旗帜，克补遂氏。帝榆罔以刑天为先锋，渡黄河，与黄帝争于阪泉，黄帝断刑天首，三战，然后败榆罔。榆罔葬刑天首于常羊之山，而后南走黄河不能去，欲北走大泽，再遇黄帝，崩。其后，姜氏三世不仕，避祸也。

——《史记·五帝本纪第一》

白话解：

夸父是谁呢？传说在大荒之中，有一座山的名字叫做“成都载天”。在那里，有一个人的双耳上垂挂着两条黄蛇，一手又拿着一条黄蛇，相貌颇有些奇异的样子，祂就是夸父了。据载，“共工”生下“后土”，“后土”又生“信”，“信”即是夸父的父亲，如此算来，夸父可是炎帝的后裔。

夸父与太阳竞相追逐而走，想追赶上它的影子，跑着跑着，竟和太阳融为了一体。就在祂追到“隅谷”这个地方时，感觉到口渴极了，便想方设法地找水喝，祂先是喝干了黄河、渭水，但还是不能解去心中的渴烦，夸父于是又向北方走去，想饮大泽的水。然而还没有赶到目的地，就在半途中口渴而死了。而夸父所遗留下来的一根拐杖呢，化为了一片美丽的桃林，桃林纵横数千里之大，枝叶随风摇曳着，绽放出生命久久不息的华彩。

还有一种说法，人们心目中这位神勇的夸父，就是炎帝朝系的最后一代帝王“榆罔”。“榆罔”名叫“姜克”，是帝“衰”的儿子，子承父位，祂自然就下一任帝王的人选了。到了“榆罔”即位之时，当年炎帝神农氏的威德已经不在了，天下分崩离析，诸侯们相互侵伐，致使民不聊生，而身为天子的“榆罔”面对乱象，却无能为力。

这时，来自北方的另一位部落首领“黄帝”却因勤政爱民，渐得人心，祂听闻炎帝朝系大乱，便属意要去征伐，还天下一个太平。“黄帝”以“应龙”为主将，以“师熊、罴、貅、貙、虎”为前锋，又以“雕、鶡、鹰、鸢”为军中的旗帜，开始向南方进发。

“榆罔”惊闻，只得迎战，祂则是以“刑天”为先锋，率领着大军渡过黄河去，与“黄帝”决战于阪泉。几经交战下，“黄帝”首先就把“刑天”的头颅斩下来了，如此又复大战了三次，终于彻底将“榆罔”打败了。失势后的“榆罔”心灰意冷，祂痛惜地把“刑天”的头颅埋葬在“常羊之山”，随后便想向南面的黄河逃去。大概是遭到了对方的堵截吧，祂只好又逃向北边，无奈在重重包围下，“榆罔”插翼难飞，还是难逃一死了。那“榆罔”的后代姜氏呢，为了避祸而远离中原，三世都没有入朝为官。炎黄两朝的兴衰大事，在此处发生了重大的转折。就这样，在令人目不暇给的历史大舞台上，主角变换着角色登台，新的剧目又开始了……

一、宇宙大观

追赶太阳的夸父，有人说，祂就是炎帝朝系的最后一代帝王榆罔①，历史上关于这位巨人的身份，还有很多种说法。但无论如

---

① 上古时代神农氏最后一位炎帝，涿鹿之战打败蚩尤，阪泉之战又被黄帝打败。《太平广记·西王母》：“九天玄女授帝以三宫五意阴阳之略，太一遁甲六壬步斗之术，阴符之机，灵宝五符五胜之文。遂克蚩尤于中冀，剪神农之后，诛榆罔于阪泉，天下大定，都于上谷之涿鹿。”

何，这都是发生在炎帝朝系里面的故事——一个有着些许悲伤的故事。

《夸父追日》为我们描绘了这个世界的实相。就像《山海经》[①]里所记述的那样，世界的格局无非是由“山”和“海”组成的。凡是谈到“山”，就和大地有关；谈到“海”，就和大地以外的星系有关。如果我们把所处的世界看做一个球体，以天上的北辰位为中心，球体的上半部分就是天空，人类所处的大地是球体的中部。那么以我们的角度为中心点来观察外面的世界，会发现在这片陆地以外，东南西北还有很多重山、很多重海；包括山上、海上有些什么神奇的动物和植物，那里的气候如何等等，《山海经》中都有非常详细的记载。现在的地质学家发现，美国西部大峡谷内生长的物产，居然和《山海经》里面记录的一模一样。为什么会这样呢？因为在最早的时候，世界上的七大洲都是连在一起的，是一个完整的陆地。陆地的以外围绕着大海，大海的尽头就是天际。

《博物志》[②]有这样一个故事：“旧说云天河与海通，近世有人居海渚，年年八月有浮槎，去来不失期。人有奇志，立飞阁于

---

① 中国先秦重要古籍，是一部记载中国古代国神话、地理、植物、动物、矿物、物产、巫术、宗教、医药、民俗、民族的著作，反映的文化现象地负海涵、包罗万汇。

② 中国古代汉族神话志怪小说集。西晋张华（232—300年）编撰，分类记载异境奇物、古代琐闻杂事及神仙方术等。

槎上，多赍粮，乘槎而去。十余日中，犹观日月星辰，自后茫茫忽忽，亦不觉昼夜。”如果我们乘船从海上出发，一直不停地向前航行，就可以到达天边。故事里的这位主人翁他从蜀地开始划船，用了十多天的时间来到了长江的入海口。“去十余日，奄至一处，有城郭状，屋舍甚严，遥望宫中多织妇。”他又向前划了十几天，忽然在海的前方出现了一座仙雾蒙蒙的岛屿，上面宫殿屋舍林立，从远处就能看见其上有许多女子正在忙于织造。“见一丈夫，牵牛渚次饮之。牵牛人乃惊问曰：‘何由至此？’此人具说来意，并问此是何处。答曰：‘君还至蜀郡访严君平，则知之。’”他将小舟慢慢驶近，碰到一位农夫打扮的男子，正在牵着一头牛在岛边饮水。男子看见来人，吃了一惊，便让他赶紧返回，嘱咐他回去问西蜀的严君平就可以解决心中的疑惑了。“竟不上岸，因还如期”他便没有上岸，划着小舟沿原路返回。“后至蜀问君平，君平曰：‘某年月日，有客星犯牵牛宿，计年月，正是此人到天河时也’。”后来一问才知道，原来他海遇仙岛的那一天，天上刚好有客星进犯牵牛星，所以凡人能够沿着大海一直寻到天边，那日所见的也是天上神仙之境了。我们经常讲“海天一色”，其实到了世界的尽头，海和天的确是连在一起的。在某些特殊的时机，甚至还能像故事里的人一样，一睹天上胜景，与神仙打个照面呢。

世界上著名的“百慕大三角”[①] 在北大西洋，美国东部和英国西海岸的正中间，一个充满了灵异色彩的地方。这里曾出现过许多次令人匪夷所思、科学无法解释的怪事。例如：有一天，人们在委内瑞拉的偏僻海滩上救下了一只搁浅的渔船和三位渔民——他们距上一次出海到现在，已经整整失踪了 24 年！但是医生证明，在这 24 年间，三个人的身体特征没有发现一点的变化，仿佛时间停止了运动，他们还是像 24 年前一样年轻，就如同不曾变老一样。据这三位船员的回忆，只记得他们在海上遇到了飓风，大家拼命将小船向岸边驶去，除此之外，便什么都不记得了。风暴一停，他们就按着记忆中的路线返回陆地了。同样令人惊奇的是，他们在 24 年前捕到的一条金枪鱼，在船后舱里依然新鲜如初，就像刚捕到的一样！这样的例子还有很多，其实这便是“穿越”，就是从“三维”时空穿越到了更高的维度，在海天交接的地方有很多像这样可以“超维”的点。

“二维”只有平面的长与宽，“三维”就是现在我们生活的世界，有长、宽、高。而宇宙一共有许多个维度，就是许多层世界。每增加一维，就等同多加一个参数，所看到的事物便有巨大的差异。同样在一个空间内，由于维度的差异，各类生命认知到的世

---

① 百慕大三角地处北美佛罗里达半岛东南部，具体是指由百慕大群岛、美国的迈阿密和波多黎各的圣胡安三点连线形成的一个东大西洋三角地带。

界是不一样的。好比我们人类看到的月亮表面，是坑坑洼洼、凹凸不平的，几乎没有什么美感可言。但是，三维以上的天人看到月亮就是清冷的广寒宫，里边有独自起舞弄影的嫦娥，有一只捣药的玉兔，还有抡着大斧砍伐桂树的吴刚，景色应当是很美的。所以，从根本上而言，“眼见为实，耳听为虚”也不是那么有道理了，我们在三维时空里“能够”感知到的，却不一定是事物的本质。既是如此，我们就应多用真实的心性去触摸这个世界，因为，只有心的力量，能超越所有的滞碍，带领我们走到更远更广的地方。

《山海经》其实分为了两部分，一部为《山经》，一部为《海经》，可谓一部是天下神怪灵奇的百科全书。我们比较熟悉的，有像鸟一样的形状却是树木的精灵“毕方”①，有像虎一样但喜欢吃人的野兽“穷奇”②，还有西王母的宠物“九尾狐”③。还有一个国家叫“贯胸”④，因为这里人的胸口都有“窍”，凡是当官的人都要

---

① 《山海经·西山经》：“有鸟焉，其状如鹤，一足，赤文青质而白喙，名曰毕方，其鸣自叫也，见则其邑有讹火。

② 《山海经·西山经》注中云：“似虎，蝟毛，有翼，铭曰穷奇之兽。厥形甚丑，驰逐妖邪，莫不奔走，是以一名，号曰神狗”。

③ 《山海经·南山经》：又东三百里，曰青丘之山，其阳多玉，其阴多青［青雘］。有兽焉，其状如狐而九尾，其音如婴儿，能食人，食者不蛊。《晋郭璞九尾狐赞》曰：青丘奇兽，九尾之狐，有道祥见，出则衔书，作瑞于周，以摽灵符。

④ 传说中的古国名。《山海经·海外南经》：“贯匈国在其东，其为人匈有窍。”

让人从胸口插一根棍子——抬着走；还有人全部长着翅膀的“羽民国”[1]；其人一臂三目的“奇肱国”[2]；其人“一身三首”的“三首国”[3]等等。我们今天要讲的“夸父”也是其中的一个国家，此国人身材高大，赤裸着身体光着脚，两只手都握着一条青蛇，个个都是力大无穷的勇士。

二、夸父氏族

“夸”的甲骨文是这样写的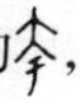，上面是一个迈开双脚、扬起双臂的人形，下面是这个人的影子——人在大地上奋力奔跑时的留下的影子，便叫做“夸”。古代其他史料中有写道，“帝榆罔者，名姜克，帝衰子也。帝衰崩，夸父立，是为帝榆罔”“夸父”就是炎帝榆罔，他的父亲为什么名叫“衰”呢？因为炎帝一朝是“火德王天下”。衰是神农氏第七代首领，火德已渐衰。至榆罔，黄帝轩辕氏取而代之，土德王天下，所以他的谥号为“衰”。上古这些帝王的名字，都是他们去世以后，后人依据其所作的功绩而

① 《山海经·海外南经》说：“羽民国在其东南，其为人长头，身生羽。”

② 神话传说中的国名。《山海经·海外西经》：“奇肱之国在其北，其人一臂三目，有阴有阳，乘文马。”郭璞注：“其人善为机巧，以取百禽；能作飞车，从风远行。

③ 古代传说中的国名。《山海经·海外南经》：“三首国，在其东，其为人一身三首。”

取的，如同“谥号”一样，可以作为执政一生的总结，对我们理解这个人物起到了很大的帮助。好比“帝尧”，就不是他的本名，后世追忆圣王的功德，以“堯”字赞美他盛大的土德。

“夸”字本身是在描述“运动”的过程，事物在“运动”就一定有固定的“方向”。《道德经》云：“万物负阴而抱阳，冲气以为和。”

我们的世界有一个规律：万物都跟随着阳气的运动变化来发展。春夏阳气长，万物便开始茂盛生长直至成熟；而人类也是以太阳作为每天生活的参照，“日出而作，日入而息”[①]，从来没有“月出而作”的说法。而且，从心底来说，我们都渴望亲近光明，不愿意生活在黑暗之中——“逐阳背阴”是活在这个世界里生命的特殊属性（鬼道恰恰和人类颠倒，它们是“负阳而抱阴”的）。所以，太阳所在的地方就是我们永远不变的方向，成就光明而圆满的生命就是我们努力的终极目标。

“父”为男性、长者，天就是万物的父亲，表示“阳性”。同性相斥，异性相吸。“夸”以“阳”（父）为运动的方向，那必定是和“阳性”相异的属性才会互相“追逐”了，所以“夸”表示“阴”。炎帝朝系的最后一位帝王，火德衰灭，从太极图上看，即

① 《乐府诗集 · 杂曲歌谣一 · 击壤歌》：“日出而作，日入而息。凿井而饮，耕田而食。帝何力于我哉！”

是从阳走到了阴。综上所述，《夸父追日》表现便是阴追逐阳的过程，也可以说，是阴阳之间互相作用、相互转换的过程。

“后土生信，信生夸父。”[①] 我们常把“皇天后土”联系在一起。“后土”[②] 是谁呢？“后土”是上古时期专门负责管理大地的神明，是黄帝轩辕氏身边的得力大臣，也是四季中的长夏之神。[③] 后来，因为“土”的属性为阴，所以常在神话里以女性的形象出现，被称为“后土娘娘”，其实最早并没有性别之分。“后土生信（土在五德为信），信生夸父”，以此可见，夸父和大地有着密切的联系，所以，他和阴的属性相关。

“帝衰崩，夸父立，是为帝榆罔。帝榆罔之时，诸侯相侵伐，暴虐百姓，而帝榆罔弗能征。北狄黄帝，闻神农乱。”“神农氏”之乱是整个朝系的动乱，这一段，记述的是黄帝轩辕氏和炎帝榆罔相争的故事。“以应龙为将，师熊、罴、貅、貙、虎为前驱，雕、鹖、鹰、鸢为旗帜，克补遂氏。”黄帝以天上的应龙为将，还有一众的动物神兽为他助威。“帝榆罔以刑天为先锋，渡黄河，与黄帝争于阪泉”。上古非常有名的阪泉之战就这样打响了！“黄

---

① 《山海经 · 大荒北经》：“大荒之中，有山名曰成都载天。有人珥两黄蛇，把两黄蛇，名曰夸父。后土生信，信生夸父。”

② 后土皇地祇，又称厚土娘娘。全称承天效法厚德光大后土皇地祇，她掌阴阳，滋万物，因此被称为大地之母。主宰大地山川的的女性神。

③ 《礼记 · 月令》：“中央土，其帝黄帝，其神后土。”郑注：此黄精之君，土官之神也。

帝断刑天首，三战，然后败榆罔。榆罔葬刑天首于常羊之山，而后南走黄河不能去，欲北走大泽，再遇黄帝，崩。其后，姜氏三世不仕，避祸也。”结果一出战，黄帝就把先锋刑天的头一刀砍下，先锋一败，炎帝的军队也坚持不了多久，三战便已经落败，帝榆罔无处可逃，也被轩辕氏消灭了。这位先锋“刑天”[①]也是在《山海经》里记载的神明，传说他并没有名字，是因为被黄帝砍去了头，《说文》：“颠者天也。”所以才叫“刑天”的。没有了脑袋，他就以胸前的两乳作为双眼，死后被埋葬在常羊山旁。祂也是著名的音乐之神。炎帝一族的子孙姓姜，姜氏为了避祸，三世族人都隐姓埋名，偏居边疆，不敢在朝堂之上为官了。

另有文献也大同小异：“帝与榆罔争天下，榆罔恃神农帝之后，故争之。黄帝以雕、鹖、鹰、鹯为旗帜，以熊、罴、貔、貅、虎为前驱，战于阪泉之野，三战而克之。帝又北逐獯鬻，诸侯有不从者，帝皆率而征之，凡五十二战，天下大定。”黄帝轩辕氏先将榆罔打败了，他们两家又联合起来打败作乱的蚩尤。其余的战争又有五十余次，最终，轩辕氏大定天下，平息了所有的祸乱，迎来了黄帝朝系的统治时代。

炎帝以“火德王天下”，它的开朝始祖是“神农氏”，因为他

---

① 《山海经·海外西经》：“刑天与帝争神，帝断其首，葬之于常羊之山。乃以乳为目，以脐为口，操干戚以舞。”

的德行而取了一个号，叫“炎帝”，这也成为了整个朝系的名字。谈到五帝，就不是具体地指某一个人，都是朝系的概念。好比史书上说的“太昊没，女娲继以木德王天下”，那女娲氏没了，“伏羲朝”就结束了吗？不是的，后面还有她的子孙在承继帝位。直到神农氏的出现，取代了太昊朝系的最后一位部落首领，才正式标志着“伏羲朝”的结束。

“帝榆罔者，夸父也。”前面讲到了，夸父是后土的孙子，但炎帝朝是“以火德王天下”，怎么又和“土”有关系呢？我们来看，伏羲氏、神农氏、轩辕氏分别是“太昊朝”“炎帝朝”“黄帝朝”的第一代君主，他们在人类进化的历程中分别起到了不同的作用：伏羲氏和女娲共同创造了人类，并根据《河图》[1]和《洛书》[2]制定了八卦，确立了天地之间的格局建制，这是他最大的功绩。轩辕氏和他的臣子一起完成了非常多的事情，重要的算下来也有十几件，如大挠造甲子、隶首做算术、伶伦制律、胡曹做衣裳、岐伯作医术；造铜镜、造舟车、造兵器等等。在社会方面，他建立了社会最基础的单位——家庭。“家是最小国，国是千万家”就是

---

① 汉·孔安国：“《河图》者，伏羲氏王天下，龙马出河，遂则其文以画八卦。伏羲通过黄河中浮出龙马身上的图案，与自己的观察，画出的“八卦”，而龙马身上的图案就叫做“河图”。

② 《洛书》者，禹治水时，神龟负文而列于背，其数至九，禹遂因而第之，以成九类。”大禹治水时洛河中浮出神龟，背驮“洛书”，献给大禹。大禹依此治水成功，遂划天下为九州。

从这个时候开始的。

神农氏介于伏羲氏和轩辕氏两者之间，他起到了承上启下的作用。“神农”，便是和“农业”“大地”“种植”有关。燧人氏为人类发现了“钻木取火”，但真正把火带到生活中使用的是神农氏——“以火德王天下”便是这样来的，包括种植五谷、制作茶叶，都离不开火的调节。

这样看来，太昊伏羲氏的功绩是“创造生命”，炎帝神农氏则是为这个生命确立了“生存方式”，解决了“人类该怎么样活下去”的重要命题，至此便无温饱之忧。最后，黄帝轩辕氏为人类确定了非常具体的生活形态、生活方式。“生命”“生存”“生活”组成了人类发展的稳定三角形，无论再怎么变化也逃不出这三者的关系了。

那我们再回头细想，炎帝神农氏的“火德王天下”是建立在什么基础之上的呢？从五行的生克关系来看，木生火，木为火之母；火生土，土为火之子。可见，火的旺盛绝对离不开木、土二行，这是祖孙辈之间一脉相承的关系。事实上也是如此的，我们细数神农氏的功绩，第一便是种植五谷，五谷为“仁”，种子是也，“仁”既是“木”，所有的谷物都属于木类。有了五谷之后，便要以耕种为业，“耕种”即是土地化育包容的作用了，一切我们赖以生存的食物都是大地母亲的馈赠。而火，本身不属于大地，是来自于天界的灵物。它要在人间保存，就必须依附他物。对应炎帝的“火德”也是如此，“以火德王天下”就必须用“木”“土”二德来表现，所以，神农氏的一生都和植物、土地有关。这也是炎帝一朝的重要特点，即使到了末代，他子孙的身上依旧有“土”的秉性。因此，“后土生信，信生夸父”在道理上，是没有冲突的。

三、逐日而走

“夸父与日逐走”，“夸”者大也[①]，人在大地上和太阳赛跑，和太阳投射下来的影子赛跑，本身就是一件“夸张”的事情，似乎是永远都无法达到的。为什么和太阳的影子赛跑呢？我们来看“父”字，它的甲骨文是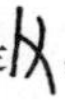，就是父亲手里拿着一根棍子的形态，这是什么意思呢？恐怕小时候我们一听见“父亲拿着棍子”，就要赶紧逃跑了吧，这可是暴风雨要来临的前奏啊！我们看另外的一个字，“教”，就能明白棍子的真正含义了。“教”的篆书是，左边是“孝”字，右边是现在的反文旁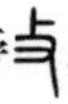，反文旁是由一只“手”和一个“卜”字组成的，原来是父亲要教孩子如何占卜。“卜”是杆子，用杆子测量日影就是最早的占卜方法，父亲手拿着棍子也是要教孩子“测日影”的意思。“日影”就是太阳的运行轨迹投射在大地上的表现，测出日影就能够得到一年里太阳的变化规

① 《说文》：夸者，奢也。

律，就能制定出历法。无论是“占”[①]还是“卜”[②]，目的都是希望顺应自然之道，依照天地的意思来指导我们的生活行为。所以，夸父不断追赶着太阳，寻找着地上的影子，也是在代表着我们的生命对天道的向往与渴望。子曰：“朝闻道，夕死可矣。”如果我们用夸父的话来理解，那大概就是：如果我在早上太阳升起时能追赶到它的脚步，一探其中的奥秘，那即使我会在傍晚太阳落山时死去，也无怨无悔，至少，我的生命永远沐浴着阳光，从不在黑暗的角落逗留！

“夸父不量力，欲追日景”。

夸父前面讲过了，现在来看“不”。“不”，《说文》解：鸟飞上翔不下來也。一横代表天、代表阳。就是向往天上去，趋向轻清之阳能。

“量”，《前汉・律历志》：量者，仑、合、升、斗、斛也。本义为用量器计算容积或长度。可古代量的五种单位却和天有着密切的关系：“斗”的形状就是效法北斗的斗杓创造的。《春秋・运斗枢》第一至第四为魁，第五至第七为杓，合为斗。居阴播阳，故称北斗。“斛”比“斗”扩大了，在讲北斗与角宿的关系，这两者的连线在天上的距离是非常大的，故十斗为斛。“仑”，《前

① 《说文》：占，视兆问也。占蓍龜之卦兆吉凶。

② 《说文》：灼剥龟也，象灸龟之形。古时占卜时灸龟看龟兆纹路以预事之用。

汉·律历志》：仑者，黄钟律之实，跃微动气而生物也。容千二百黍，合仑为合，十合为升，十升为斗，十斗为斛。《字汇》：乐之竹管谓之仑，惟黄钟之管，实以黍米，积之而成五量之名。这段是讲：仑是发出黄钟之律的那个竹管里面装满了黍米，这些黍米的重量就是"量"的最小单位。黄钟之律是天地阳能从地出发的最原始能量，纯阳之体。而黍米得暑气而生，自然也是纯阳之谷。民俗中经常有人生病了喝黍米粥的习惯，就是在补充阳能。

因此"夸父不量力"，即是说夸父积蓄生命中最细微最原始的纯阳之能，准备与轻清上升的"天"相合一，而不是自不量力的意思。

"景"[①]者"影"也，在古代是同一个字。夸父在追赶的是日的"景象"或是日的"影子"，那么日景到底是什么呢？古代人发明了一种工具叫做"日晷（音轨）"，就是专门利用它来测量太阳的影长。

"日晷"[②]由铜制的"晷针"和石制的"晷面"两部分组合而成。"晷针"穿过"晷面"的圆心，对准天上北辰（北极星）的方向，它和"晷面"的夹角正好是地轴倾斜的角度。而"晷面"

---

① 《说文》：景者，光也。后人名阳曰光。名光中之阴曰影。

② 本义指日影，是使用太阳的位置来测量时间的一种设备，主要由一根投射太阳阴影的指标、承受指标投影的投影面（即晷面）和晷面上的刻度线组成。晷面两面都有刻度，分子、丑、寅、卯、辰、巳、午、未、申、酉、戌、亥十二时辰，划分一日 24 小时。

一周 360° 被等分成十二份，并标注上“子丑寅卯辰巳午未申酉戌亥”十二辰。人们依据太阳投射在“晷面”上影子的长短，就能判断出时辰和季节，这就是我们最早的“钟表”了。它完全是利用了太阳东升西落的规律，实现了“全自动化”的无误差精确报时。日影，也就是日景，太阳的“影子”就是它的“景象”。所谓“形影不离”，就是太阳出现了，就必定会有影子。看影子，我们就能解读出很多信息。古人云：“审堂下之阴，可以知四时之序也。”[①] 古代人根本不用出门，也不需要手表，只要看堂下太阳光照下来的影子的长短、来回的程度，就可以判断出四季更迭的顺序。所以，夸父追逐的就是“日影”，祂以大地为基准点，来求测天地阴阳的变化。太阳移动一点，就往前奔跑一点，希望寻找到太阳在这个世界里的运行轨迹以及它的规律所在。

“夸父与日逐走，入日”，追着追着，竟然跑到太阳里面去了！“入日”表示的是一个什么样的状态呢？夸父站在太阳的下面，终于看不见自己的影子了，就像身体都被太阳的光芒包裹起来了一样。这是一天中影子最短，甚至没有影子的时候，也是人最接近太阳的时候。太阳走到了“午时”的位置，直射地面，即为“入日”。

《山海经·大荒北经》则对此有更加详细的描述：“大荒之中，有山名曰成都载天。有人珥两黄蛇，把两黄蛇，名曰夸父。”在

---

① 《吕氏春秋·察今》：故审堂下之阴，而知日月之行，阴阳之变。

成都载天此地，有一个人用黄蛇穿了耳环，手里还拿了两条黄蛇。“夸父不量力，欲追日景，逮之于禺谷。将饮河而不足也，将走大泽，未至，死于此”。夸父最后追到了哪里呢？“逮之于禺谷”，“禺”者“隅”也，就是“边”“角”的意思。“禺谷”这个地方又叫做“内谷”或“昧谷”。“昧谷”[①]就是太阳落入地平线的地方，现代认为是在西岳华山的附近。

“昧”者，“日”未见，昏暗无光，对应的是“酉”位，在正西方。与相对的“卯”位（正东方）同样有一个叫“汤谷”或“旸谷”[②]的，在东海之东，那处便是“扶桑树”生长的地方。这树枝繁叶茂，一直长到天上去，传说就是天上十个太阳的家了。每一天，太阳的母亲常仪便会负责驾车，带着她的一个孩子从扶桑树出发，开始一天的环球旅行。

在斗建乾坤终始图上，我们能找到，“二月斗建卯，八月斗建酉”。二月对应“大壮”卦[③]，八月对应“观”卦[④]，一个为春分，

---

① 古称西方日入之处。《书·尧典》：“分命和仲，宅西，昧谷。”孔传：“昧，冥也。日入于谷而天下冥，故曰昧谷。”

② 古称东方日出之处。《书·尧典》：“分命羲仲，宅嵎夷，曰暘谷，寅宾出日。”孔传：“暘，明也。日出于谷而天下明，故称暘谷。”

③ 大壮，䷡《易》第三十四卦，雷上乾下，雷为震，乾为天，天上鸣雷。君子观此卦象，以迅雷可畏，礼法森严，从而畏威知惧，唯礼是遵。

④ 观卦，䷓《易》第二十卦　巽上坤下，。坤为地，巽为风，风行地上，万物广受感化，喻德教遍施。在上者以道义观天下；在下者以敬仰瞻上，人心顺服归从。

一个为秋分；前者在正东方的“卯”位，天门大开；后者在正西方的“酉”位，天门关闭。天地之门，也是生死之门，从一年来讲，二月开八月关；放在一天之中，在“卯时”（上午5时—7时）天门就打开了，阳能正在缓缓上升，太阳从东边出现，渐渐变亮的天色为我们驱走最后的一丝梦魇。到了“酉时”（下午15时—17时），天门缓缓地关闭，太阳从西边落去，为大地洒下最后一点的余晖。这时阳气下沉，阴气变重，人们结束了一天的劳作回家休息，然而鬼道的活动时间才刚刚开始。《尚书》云：“八月西巡狩，祭柳谷之星于华山也。[①]”八月“柳谷”，就是“禺谷”的位置。每到八月西巡，天子就要在西岳华山举行祭祀，此时对应秋季，阴气上升，阳气下沉，又进入一年中百物咸成的时候了。天子行祭祀之礼，感念阴阳这番起承转合的造化，方有到头来的收获。此后太阳虽然还是不断地辛勤工作着，但是它的光芒已经从鼎盛时的炙热，渐渐变得柔和。终于在最寒冷的冬天里，收敛得只剩下可以藏在手心里的温热了。

入日的位置是“午位”，当是一日中最热的时候，但夸父没有停下来，还在拼命地追赶。“逮之于禺谷”，等在禺谷（酉位）停歇下来的时候，第一个反应便是“渴”。体内的水分都以汗水

① 《尚书大传·虞传》云：秋祀柳谷，注云：八月西巡狩，祭柳谷之星于华山也。

的形式挥发掉了，感觉到渴就要喝水，水属于阴性，说明夸父此时非常想要补充阴的能量。“入日”时，离太阳越来越近了，当阳的能量发展到最大的时候，就需要阴的能量来调剂。所以，我们不要认为“阴”的就是负面的、不好的。阴阳之间相互协调，搭配合理，才真正是和谐的，人也才会感到舒适。阴极而阳生，阳极而阴生，它们就像是一对充满默契的伙伴。适时充当彼此的“调剂”，化解了极端状况的发生，这是一件非常好的事情，才能完成太极两仪图里周而复始的循环。在十二消息卦中，“姤”卦和“复”卦就是两个一阴生、一阳生的位置。

“姤”卦[①]对应夏至，“复”卦[②]对应冬至，这两个时间节点是真正的“阴阳争，生死分”。而“春分”和“秋分”只是一瞬间阴阳的能量等分。“春分”是阳的能量明显战胜了阴的能力，阴被打败了，“秋分”则与之相反。只有在“冬至”和“夏至”交节的那一刻，双方的争斗才处于平衡状态。“一阴逆五阳”又或是“一阳复五阴”正在进行最后的殊死抗争。电光火石之间，也不过是一弹指的工夫，阴阳之争便尘埃落定了。

“姤”卦之时，一阴突破了六个阳爻生生地挤出头来。别看

---

① 姤卦，《易》第四十四卦，乾上巽下，乾为天，巽为风。天下有风，吹遍大地，阴阳交合，万物茂盛。阴阳相遇。但五阳一阴，阴胜，不能久处。

② 复卦，《易》第二十四卦。坤上震下，震为雷、为动；坤为地、为顺，动则顺，顺其自然。一阳生，万物始，生生不息。

阴爻只有一个，它的力量绝对不比地上的六个阳爻少呢，但凡要冲破重围，那么这位将军一定有以一当百的本事。《周易》里面形容这勇猛的阴爻为“一阴迎五阳，其女不可娶”。若是把这样强势的女子娶回家里，恐怕不是一般丈夫能镇得住的呢！“复”卦的“一阳来复”也是同样的道理。

“入日”到了午位，阳能发展的势态就需要阴能来调节，走到“禺谷”酉位，需要阴的能量则更大。为什么会这样呢？我们拿谷物的生长做比喻：例如禾苗的生长周期约在都在一百一十天和一百六十天（四个月到五个半月）之间[①]，这是最早炎帝神农氏确定下来的。五谷在春天播种，在夏天生长，在秋天收割。在它“长”的时候，是阳能起到的作用，阳能最大的状态对应的是节气“小满”到“夏至”之间，这时的谷物看起来非常饱满——似乎是已经成熟了吧？非也，此时的“大”是“假大”，徒有其表，而内在空虚，还没有到真正成熟的时候。所以，它们仍旧高昂着头颅，骄傲地面向着太阳，似乎在炫耀着自己“壮实”的身体——要知道，这已经是阳所能发挥的最大作用了。下面，就需要阴的力量来帮助谷物成就，到了“立秋”和“处暑”之间，谷物的内在变得和外在一样充实，“表里如一”，因而一改之前骄傲的姿态，

---

① 《神农书》：“禾生于枣，出于上党羊头之山右谷中；生七十日秀，六十日熟，凡一百三十日成。忌于寅卯。”

谦卑地弯下腰低垂着脑袋，准备把丰富的自己献给那些辛勤劳作的人们。因此，前期阳的能量越大，到了后期，所需阴的能量也越大，阴阳之间的比例不一定对等，但必须相匹配。所谓“孤阴不生，独阳不长”，万物的收成都需要阴阳的共同参与，这是世界上永远不变的法则。

在太极两仪图里面，除了相交于卯酉一线（穿越圆心的正东正西向连线）的那瞬间阴阳能量是等分的以外，剩下的任何一个位置的阴阳都是不均等的，阴增阳减，阳增阴减，但是，它们都还处在圈圈的边界以内，彼此相加起来都等于圆的直径，都属于恒常的状态。试想我们的世界如果没有了阴阳的变化，该是多么枯燥无味啊，便看不见“春有百花秋有月，夏有凉风冬有雪”[①]的四季之景，看不见天上变幻莫测的星罗棋盘，也将失去所有的比较和变化，活在一成不变之中。

四、饮尽河渭

夸父在追逐日影的时候，“入日”（午时）就是南方的“老阳”［四象（“少阳”“老阳”“少阴”“老阴”）之一］。“老阳”的数为九，

① 宋朝黄龙慧开禅师：“春有百花秋有月，夏有凉风冬有雪，若无闲事挂心头，便是人间好时节。”

九为阳数之极，阳极便要向阴去转换，所以，“老阳”将要变成“少阴”，那在现实中是怎样变化的呢？就要喝水。“渴”，就表明体内的“阳”太多了，需要“阴”的滋润。夸父至“禺谷”之时，身体越发地缺水，“渴”的感受越来越强烈。“渴水”就是“渴阴”，非常非常“渴望”和“渴求”阴的能量来进行调和。但是“饮于河渭，河渭不足。”古代的“河”专指“黄河”，“渭”即是“渭水”，黄河和渭水交汇于中原的豫州之地。“饮于河渭”，豫州恰好处在九宫格“中宫”的位置。周公旦在嵩山之麓测出的“地之中极”就是豫州，那里就是大地的中心，最早“中原”和“中土”的概念指的就是这里，古代所谓的“四夷”①（夷狄戎蛮）就是以河南豫州为中心而划分的。

夸父的祖先是后土，他们一族依然掌握着对天下土地的管理权。所以，饮于中土的河渭之水，对于夸父来讲是合情合理的。“当处就饮，随处就饮”，就是无论在哪里，都有阴的能量为他补充和协调——这就是炎帝一族特有的优势吧。只要是后土的子孙，就都肩负着管理大地的职责，便以大地中央的“豫州”②来彰显他

---

① 《后汉书·东夷传》：“凡蛮、夷、戎、狄总名四夷者，犹公、侯、伯、子、男皆号诸侯云。”诸侯居四方，定四夷。

② 夏禹分天下为九州，豫州位于九州之中，东接山东、安徽，北接河北、山西，西连陕西，南临湖北，历史上曾几度达到鼎盛时期，长期为中国的政治经济和文化中心。

们的中正之位。

于是，夸父在河渭两河的相交处，马上俯下身来大口大口地喝水，因为实在是太渴了——在“午位”渴，为“姤”卦，一阴始生；在“未位”渴，为“遯”卦，二阴生起；在“申位”渴，为“否”卦，三阴生起。可是，“河渭不足”夸父把河、渭的水全部喝完了，阴的能量还是不够！“将北饮大泽”，他只好迈着渐渐虚弱的步伐，继续往北边走去，希望以“大泽”之水来调节身体里的阳能。北方为坎位，对应的就是五行之水，是阴的能量最大的地方。可惜，“未至，道渴而死”，夸父还没有走到那里，就已经渴死了。

“禺谷”酉位的下面是“戌位”。在五行对应支时有这样的说法：火气一路，生于“寅”，旺于“午”，死于“戌”。火气在“寅”位开始生，到了午位是最旺盛的时候。“寅”属“木”，木为火之母，故火气生于寅。午是阳最大的地方，故旺于午。而到了“戌”火则灭。正体字滅，火息之意。《说文》：滅，从火戌。火死于戌。阳气至戌而尽。故火气灭于此。

夸父从“酉”位的禺谷走到“亥”位的北方大泽，但路过“戌位”就坚持不下去了。此处时间上对应季秋，马上要进入冬天了，在这里阳的力量全部灭掉了。“道渴而死”的“道”是什么？规律就叫做“道”，卯位东升，酉位西落，就是太阳的“道”，所以，过了禺谷，就注定了夸父将和太阳光一样隐没。

回头再看一看“刑天”,《山海经·海外西经》云:“刑天与帝争神，帝断其首，葬之以常羊之山。乃以乳为目，以脐为口，操干戚以舞。”刑天的脑袋被轩辕氏砍断之后，他并没有死，他把自己头颅葬在了常羊山——那里是炎帝出生的地方，再用胸前的两乳当做眼睛，用肚脐当成了嘴巴;刑天一手拿着盾，一手拿着斧子，挥舞着兵器跳起舞来。“刑天”的意思就是“受天之刑”,他是古代的一位音乐之神。凡是谈到音乐，要了解到“单出为声，杂比为音，和之以干戚以舞为乐”。声、音、乐是不一样的，除了乐曲以外，还要配上“舞”才算是真正的“音乐”。而最早的“舞蹈”,不是用于祭祀时与天地沟通，就是在军队中配上军乐挥干戈而舞，由男子来完成的。“刑天”可谓是人类舞蹈的始祖了。他还是帝榆罔的先锋，因此也和“火”“日”有关系。谈到“日”,就离不开描述阳能变化的“十天干”[①](甲乙丙丁戊己庚辛壬癸)。“刑天断首”,“甲”为天干之首,“断首”便是没有了“甲”的意思。古代有一种术叫做“奇门遁甲”[②]。“遁甲”就是将天干甲在奇门局

---

① 十天干分别是甲乙丙丁戊己庚辛壬癸十天干，甲乙东方木，丙丁南方火，戊己中央土，庚辛西方金，壬癸北方水。

② 《奇门遁甲》是中国古代汉族术数著作。奇门遁甲”的含义是由“奇”“门”“遁甲”三个概念组成。“奇”就是乙(日)、丙(月)、丁(星)三奇;“门”就是休、生、伤、杜、景、惊、死、开，八门;“遁”即隐藏,“甲”指六甲，即甲子、甲戌、甲申、甲午、甲辰、甲寅,“甲”是在十干中最为尊贵，它藏而不现，隐遁于六仪之下。

里隐遁不见了，它以干支的相关内容为基础元素（公式）来获取这个宇宙世界更多的信息。古语云：“学会奇门遁，来人不用问。”可见对事物预知的精确。相传，这一套神奇的法术最早是在黄帝大战蚩尤时，由诸神夜授轩辕氏的一部破阵天书，这就是“遁甲”与“刑天”的密切关系。

炎黄之间的战争，其实是天上历法星官的更迭所致。是因为天上的帝王（北辰）有变动，地上的朝系才会发生变化。所谓“占卜”，就是要测一测天上到底变成了什么样子的，掌握了天的实际状况，人才好根据祂来做历法上的调整。所以，“修定历法”是任何一朝开国帝王首要去做的第一件事，因为人间的建制是要与天上的建制相应的。那么“黄帝断刑天首”，其实是一个表法的比喻，说明炎帝朝系的历法已经不适用于当今社会，因此轩辕氏要在推翻旧历法的基础上，创制新历法，这才是发生这场战争的本意。

上古的史实都是在记录人间的事迹来表述天地的规律。《史记》里面的这一段和前文有所不同的是，“而后南走黄河不能去，欲北走大泽，再遇黄帝，崩”。一说是夸父向北求水未至而死，一说是榆罔向北败走遇黄帝而崩，其实想告诉我们的都是同一个道理：帝榆罔是炎帝的第八代，属“火”；而黄帝轩辕氏属“土”，“戌”是“丑未辰戌”四季土中的最后一个“土”，榆罔最后又遇黄帝就等同于“火”到了“戌位”，走投无路了。从人间的表象来看，是帝榆罔被黄帝彻底消灭掉了；但在天地的建制中，是“火”走到了“戌”位，前者是五行的生克关系，后者就是五气自然而然的生灭原理。这就是天界和人间的差异所在了。

“其后，姜氏三世不仕，避祸也。”炎帝姜姓，他的子孙因为“避祸”三世不为官。我们常说“胜者为王，败者为寇”，炎帝一族刚刚被黄帝打败，这就说明：炎帝朝系的天子身居天子之位时，没有好好地利益百姓，致使诸侯之间的征伐不断，令百姓受战火之扰不得安宁。所以，帝榆罔与轩辕氏相比，世界的大气运已经发生了根本的转变，祂作为一个帝王，没有力量再挽回世间的大气运，无法行使到安定天下的职责，当然是要朝代更迭的。

炎帝的子孙“三世不仕”，一是因为有愧于天下苍生，不敢再入仕为官；二是从理上而言，只能“不仕”了。火气“寅午戌”一路结束，阳到此入灭，冬天阴气主事，冬天有三个月，就轮到了水气“亥子丑”一路的发展，一地支代表一世，就总共有三世的时间，三世不仕就是在这三支所对应的时间里，阳不主事了。水火不兼容，火处在水的主要格局里，是一个非常尴尬的位置，它既没有办法去参与天地的管理，又一直受到压制，没有施展拳脚的机会。天时地利人和都不占上风，那么唯有远离庙堂，退避江湖，谨遵祖先的遗训，安分耕作度日，方是保身立命的良策了。

五、遗落桃芳

最后，夸父“弃其杖，化为邓林”，“邓林”也就是“桃林”。什么叫弃其杖呢?

“杖”即是夸父的“父”字中，手所持的测日影的杖，就是古代的圭表。因为圭表是测日影的，故为阳，我们也可以看做是“阳爻”的概念。

比如说到了“入日”的时候，卦象是“姤”，五阳之下一阴生；那么在夸父在“戌位”，倒下的时候就是“剥”卦[①]。所谓“剥”者，五阴剥一阳，六爻里只剩上面的最后一个阳爻了。那么，这最后的一阳就是夸父的“杖”，是生命仅有的依赖，最后一点支持生命的能量也要被阴所取代，从“戌”到“亥”，就是从一阳之“剥”到纯阴之“坤”的过程。丢弃了手杖，夸父的生命也走到了尽头。但是，被他弃掉的杖，竟然化成了一片数千里的桃[②]林。这又是怎么回事呢?

我们在《盘古开天》时讲过，盘古垂死化生，他的左眼为日，右眼为月，四肢五体均化成了四极五岳，肌肉血脉则变成了山川

---

① 剥卦，䷖，《易经》第二十三卦。艮上坤下，山在地上，风雨剥蚀。君子观此卦象，以山石剥落，岩角崩塌为戒，从而厚结民心，使人民安居乐业。

② 《说文》：果也。从木兆声。《典术》：桃，五木之精，仙木也。

河流。盘古生命中的最后能量，竟然能给我们留下了一个宏伟的世界！巨人夸父的“弃其杖”也是一样的，这片郁郁葱葱的桃树林就是他生命能量转化后的再现。阴阳的变化走到“坤”位，就是一点阳的能量都没有了吗？不是的，就像月球的正反两面一样，阳能只是躲在了我们看不见的那一边，依然在发挥着作用。“桃木”是众木之仙，而木又居于五行的首位——这就是夸父所弃的“杖”啊！他生命里的最后一分阳能并没有消失不见，而是变成了千万颗桃树的种子——“既然我不能再肆意地奔跑（亥、子、丑三世不仕），那么我愿化作一颗种子（一阳来复），深埋在地底（藏在了阴的背面），忍受一个冬季的严寒考验，待到华枝春满时（到了寅月也就是正月），重新与日光相见，继续前生（上一圈的阴阳轮转）的梦想，撷取永恒的光明！”

传说，“邓林”是古代大地上一片神奇的树林，里面仙树林立，频频引得天上仙鸟的眷顾。“桃”字左边是“木”，右边是“兆”。什么是“兆”呢？占卜的龟甲在火上烤完以后的出现裂纹就叫做“兆”。从龟甲的裂纹中，能够看到所求事情的发展方向，这就是上天给人类的“预兆”。“甲骨文”最早就是用来记录占卜结果的文字。“甲”为龟甲，是龟腹部的甲壳；“骨”是牛的肩胛骨。古代对占卜所用的器具十分考究，用生在哪里的龟，什么形状的龟，皆有明确的规范，务必都与天地自然相应。“龟腹”和“牛肩胛”都是动物与大地接触得最宽的部位，显示的“兆”会更为准确。

因为人取材于大地，启问于天，最后得出的结果还是要作用于大地上的。也有用“蓍草”的，这种草特别神奇，传说一百岁才生四十九节，所以只有一百岁的蓍草才能用来占卜，结果是非常灵验的。古人对于询问天意可是一点都不敢马虎，尽取天地之间的灵物，凭祂们来做上下沟通的媒介。

桃为木之兆也，桃木生在东方寅位，由天地中正纯良的阳气所化，所以道家的方士常常用桃木做驱鬼之用。鬼属于阴，最怕的就是以纯阳来相克。因为夸父一生为百姓谋求光明的功德，死后便在天上成为了一名执法的星官，手中拿着一根楔形的大木棍——也就是曾经被弃的“杖”，威武地站在桃树下面，专门捉拿到处惹祸的恶鬼。祂的身边还有一只大老虎，凡是有鬼从前面经过的，老虎就用鼻子去嗅一嗅来判别善恶。如果路过的是善鬼，就放它离开，还会叮嘱它不能作恶；如果是恶鬼，夸父就会抡起大木棍，将它毫不留情地一棍消灭。夸父的灵兽是“虎”，也是对应了东方的“寅”位（“寅”对应的生肖是虎），表示少阳纯阳的能量。从此以后，所有的鬼看见了桃木，就吓得赶紧仓皇而逃了——谁知道那里有没有神勇的夸父在守着呢？还是躲远一点为好！

桃木除了可以做辟邪驱鬼的法事，“施门户，以止恶气”的作用，就像王安石在《元日》一诗里面写的：“千门万户曈曈日，总把新桃换旧符。”桃木早就被我们赋予了吉祥的含义，年岁在变，这份美好的祝愿永远不变，仿佛那位仙逝的巨人还守护在我们的身边，用一叶翠绿、一根弃杖，换得永世的平安。

只要每年桃树长出新芽，《夸父逐日》的故事就还在继续。巨人用倒下的身躯告诉我们：内在生命和外在宇宙是完全合一的，我们要追随太阳的脚步，通过努力把生命变成像祂一样光明永驻。生命的提升和蜕变，需要这股一往向前的勇气，和内在能量的不断累积。现在开始，让我们忘情地奔跑吧！

跑着跑着，忘记了黑暗；
跑着跑着，变成了太阳；
全身金灿灿的我，
全身摇曳的光芒，
走到哪里，
都怀揣着满口袋的力量，
给予人类，
梦想和希望……

第八章

后羿射日

诛戮失德的愤怒

引语：

一把绛紫天弓，是后羿最显赫的标志。

当年，天帝把弓箭交付与祂手中的时候，就注定着将要做出一番惊天动地的大事业来。当世界的秩序发生了混乱，总会有人挺身而出，力挽狂澜——神明，从来都是为秉持正义、卫护天道而来；在东方的神话故事里，个人的英雄主义鲜少被提及，它引导我们关注的是人与天地的联系，调拨着生命往正确的方向发展。

让我们变成后羿手中的那把弓、那支箭，以锐利的目光向过去追问——曾经炽日蒸烤、焦杀草木的天地间，到底发生了什么？那位孔武有力、足智多谋、心含万物、量包天地的大英雄，今又何存？

经典记载：

逮至尧之时，十日并出。焦禾稼，杀草木，而民无所食。猰貐、凿齿、九婴、大风、封豨、修蛇皆为民害。尧乃使羿[①]诛凿齿于畴华之野，杀九婴于凶水之上，缴大风于青丘之泽，上射十日而下杀猰貐，断修蛇于洞庭，禽封豨于桑林，万民皆喜，置尧以为天子。

——《淮南子·本经训》

白话解：

到了尧的时候，天上出现了十个太阳，把地上的庄稼禾苗都晒焦了，草木也枯死了，百姓们失去了食物，只好饿着肚子。之后又出现猰貐、凿齿、九婴、大风、封豨、修蛇六种怪兽祸害生灵，天下一片乱象。于是，尧将平定祸乱的重任交给了后羿。后羿不辜负他的期望，在畴华诛灭了凿齿，在凶水杀死了九婴，在青邱缴猎了大风。他射掉九个太阳，紧接着又杀死猰貐，并在洞庭湖砍断修蛇，在中原桑林擒获封豨。后羿把这些祸害生灵的怪兽一一清除了。百姓生活恢复了平静，他们都非常高兴，便推选尧为天子，愿意顺从他的统治。

---

① 历史上有两个人物的名字都叫羿，现代人把他们分为“羿”和“后羿”。一个就是这篇神话故事里的英雄，我们习惯叫他“后羿”，他是三王时期尧帝的大臣，射杀十日，还与嫦娥结为眷属。而夏朝的时候，在太康［夏朝天子姒太康（前2060—前1975年），姒姓，名太康，姒启长子，夏朝第三任君主，都于斟鄩（今河南洛阳）。］统治期间也有个叫羿的人，他是有穷国的国君，荒淫无道，最后死在了自己仆役的手下。

一、十日由来

我们注意到，把“司”①（篆书写法：）字反过来就是“后”字。早在夏朝时起，“司”就与“后”同用了，其实表达的都是同一种意思。“司”者，掌管也，意为父子世袭担任某一种官职，如我们熟悉的“司农”（教民稼穑的大臣）、“司空”（管理水利、营建的大臣）、“司徒”（管理土地的大臣）等等。乃至到了后来的“司令”（发号施令的人），都是一样的。所以，历史上的后羿也可以换一种称呼，叫做司羿，是专门掌管弓箭射击的人——这是他的官职而非他的本名，或是因其德能而赋予的称谓。

神话故事中介绍了事件发生的具体时间——“逮至尧之时”。“逮”就是“到了”，在那个时候。第一个字就大有乾坤了，逮的篆书，左边是一个“辶”，右边是“水”和“手”，这只手要抓住水里的阳爻。水在八卦中为坎卦☵，由三爻组成，上下为阴，中间为阳，而起到关键作用的是中间的这个阳爻，它在乾坤父母相交时，索得了乾卦中的第二个先天真阳，取得了乾卦中最纯正

① 《说文》：臣司事于外者。从反后。外对君而言，君在内也，臣宣力四方在外，故从反后。故司又古代官署的名称。如司马、司空、司寇、司徒等。

饱满的能量，成为了“中男”，位居后天八卦正北方，是个非常重要的卦。所谓“挥刀断水水更流”，水为天下至柔之物，正因为至柔，所以至刚，它能滴水穿石、无坚不摧。所以抓住它至刚的一面，就等于掌握了水最重要的部分。

“逮至尧之时，十日并出”，这里的“日”就代表了“离”卦☲[①]，它刚好和坎卦相反，上下为阳，中间为阴。我们看火焰虽然猛烈、炙热，具有焚毁一切的巨大杀伤力，但是在火焰的最中心处，温度却是很低的。由此而知，阳性只是它的表象，阴性才是主导离卦发生作用的能量。这个阴爻是得自母亲坤卦的先天真阴，故离卦成为了“中女”，居于后天八卦的正南方，同是一个非常重要的卦。

其实，故事的第一句话已经把事情交代得非常清楚了，已经讲完了——“十日并出”，火力炽盛，那么解决问题的方法只有一个，就是以坎中之阳来填补离中之阴，用的就是“逮”字，用手抓住水里的阳去调节火里的阴，阴阳平衡，水火既济[②]，便天下太平了。

关于“十日”还有这样一个传说：在东方海外的东边，有一

---

① 《周易·说卦》：离为火，为日。离也者，明也，万物皆相见，南方之卦也。

② 水火既济：易经六十四卦第 63 卦䷾，坎上离下，水火互济，阴阳平衡。

个岛，岛上有棵扶桑树[1]，从地上一直长到天上去。天帝帝俊[2]的妻子羲和[3]生了十个孩子——十个太阳，她们就在扶桑树上生活。每一天，这十个太阳都会轮流“值班”，在黎明的时候，羲和就会驾着一辆马车，载着她的其中一个儿子开始巡行天下的旅途，马车所到之处，太阳的光明就遍洒到世界的每一处。十个太阳轮流出现在天空上正好是十天，被称为“一旬”[4]，就是每个太阳一月要轮班三次了。这本来是很规律的，但是到了尧的时候，不知道怎么了，竟然乱了套，十个太阳一起争先恐后地出来了。暑天时即便一个太阳出来人们都热得要命，何况是十个呢？这就造成了很大的影响，不仅庄稼被暴晒烤死了，没有了粮食；身体里的水分也一天天耗干了，烈日炎炎，到处都是绝望的讯息。

---

① 扶桑：《说文》云：“扶桑，神木，日所出也。”传说日出于扶桑之下，拂其树杪而升，因谓为日出处。《海内十洲记·带洲》：“多生林木，叶如桑。又有椹，树长者二千丈，大二千余围。树两两同根偶生，更相依倚，是以名为扶桑也。”

② 帝俊：又名帝喾（kù），姬姓，名俊（一作夋），五帝之一。出生于高辛，上古时期的部落联盟首领。《大荒南经》：“东南海之外，甘水之间，有羲和之国，有女子名曰羲和，方日浴于甘渊。羲和者，帝俊之妻，生十日。《大荒西经》：“有女子方浴月。帝俊妻常羲，生月十有二，此始浴之。”帝俊有二妻，羲和、常羲，生十日、十二月。

③ 羲和：《大荒南经》：“东南海之外，甘水之间，有羲和之国，有女子名曰羲和，方日浴于甘渊。羲和者，帝俊之妻，生十日。”

④ 一旬：《说文》：十日为旬。十日为一旬，一个月分三旬。旬者巡也，太阳在地球巡行一周的意思。一个月有三十天，分成上中下三旬。

电视剧《宝莲灯前传》中，称玉帝的几个儿子叫“金乌”[1]，“金乌”就是太阳。在马王堆出土的西汉文物里面，有一幅著名的《伏羲女娲交尾图》，除了伏羲女娲相互盘结之外，画面的左上角是个太阳，右上角是个月亮，太阳里面是一只黑色的、三条腿的鸟，我们把它叫做“三足金乌”，代表阳精。所以，人们常把三足乌认为是乌鸦的前身。二十四孝里面就有“乌鸦反哺”的故事，为什么代表太阳的乌鸦是孝鸟呢？所谓在天为道，在地为德。五德仁义礼智信中“仁”排在第一位，一念的恻隐之心是仁德的开始，即是孝道所在。看到你这样我觉得很难受，十分的不忍，这就叫做恻隐之心[2]。仁，在五脏对应肝，当我们内心产生一念不忍的时候，仁的能量从体内先刺激肝脏，肝开窍于目，所以便会不自觉地流下眼泪。仁德是少阳的能量，阳能放大到最大为老阳的时候，就化为了五德的“礼”。礼在南方，五行为火，火即是离卦，为日。所以，乌鸦在禽类中是阳能最强、仁德最盛的那一个，孝鸟之名由此而来。

“十日并出”，凡是讲到“十”，就是在指“十天干”（甲乙丙

---

① 金乌：古代神话传说太阳中有三足乌，因用为太阳的代称。

② 恻隐之心：恻隐即同情，怜悯。《孟子·公孙丑上》：“今人乍见孺子将入于井，皆有怵惕恻隐之心。《孟子·公孙丑上》：恻隐之心，仁之端也；羞恶之心，义之端也；辞让之心，礼之端也；是非之心，智之端也。人之有是四端也，犹其有四体也。

丁戊己庚辛壬癸），提到“十二”，就是指“十二地支”（子丑寅卯辰巳午未申酉戌亥）。“十”一定是和“天干”有着莫大的关系。所以，“十日”指的是十个太阳，也是指“十天干”。“十天干”各处其位，各司其职，就像每天一个太阳来轮值一样，是不可以错的。羲和生十日，这位伟大的天后也就是十天干的创造者。“干”是指树木的主干，“支”是指树木的枝杈。用十天干配上十二地支，每六十年一循环，每年有一位太岁①守护人间，我们中国独特的历法体系中“六十甲子”就是依此建立的。由此可知，这场灾祸的根源就是干支的颠倒、历法的紊乱、天地建制的毁坏，所以才会出现“焦禾稼，杀草木，民无所食”这一系列的状况。

“焦”（）的上半部是一个“雀”，四象之一的“朱雀”，在南方之位；下半部是“火”，也位于南方。两个都是阳气壮盛的表现，一火还能忍受，两个火迭加在一起，就出现大火肆虐后一片焦土的局面了。

在中国文化里，凡是和“鸟”有关的都属于“南方火”。众所周知，七月初七是中国的情人节——“七夕”，这源自于牛郎

---

① 太岁：十天干与十二地支按顺序两两相配，从甲子到癸亥，共六十个组合，用以纪年、纪月、纪日、纪时。按道教经典记载：太岁星君为六十花甲子，六十年轮临人间当值，由斗姥天尊统帅，审查人间善恶，司本命祸福，因此又称为六十太岁。

织女的典故，她们只有在这一天，通过鹊桥来相会。为什么乌鹊搭桥就可以从天上地下往来呢？因为“七夕”正好处在二十四节气中的“大暑”和“立秋”之间，虽然开始进入秋季，但还是天气最热的时候，此时阳能在大地上的表现是最盛大的，发展到极点正要向阴面去转化。而“乌鹊”本身的属性和这一时期相对应，所以就要劳烦它来做这对情侣的小使者了。殊途同归，万流归宗，

所有的神话故事都是在用中国传统的方式来引导我们向同一个方向去思考，让我们的生命凝结在同一个点上，那便是天地阴阳之道，文化最高妙的地方，也是最平常的地方。

太阳暴晒之下，最敏感的就是草木稼穑。五行之木，方位在东；木生火，木是母亲，火是孩子，二者本来是相互依存的，就像是母亲和孩子的亲密关系一样。但现在火势太大了，反伤了草木之性，竟出现了孩子反侮母亲的状况，五行相侮，这是很不正常的。

二、六害伤民

福无双至，祸不单行。于此同时，人间还出现了恐怖的六害：“猰貐[①]”，长着龙的头，身体像狐狸一样，号叫的声音像是婴儿

① 猰貐（yà yǔ）：又称窫窳。《山海经·海内西经》：又北二百里，曰少咸之山，无草木，多青碧，有兽焉，其状如牛，而赤身、人面、马足，名曰窫窳，其音如婴儿，是食人。

在啼哭，专门生吞人民。“九婴”，是一种长着九个头的水火怪兽。“大风”，顾名思义，是一种巨大的鸟，它的翅膀一扇，整个世界都会产生风暴。“封豨”是一种体型硕大的野猪。“凿齿”，这种怪兽的牙露在外面，又粗又长，能穿透任何坚硬的铠甲。“修蛇”就是巨大的蟒蛇。

这六个怪兽出来作怪，有的吃人，有的掀起了风暴，有的毁坏百姓的房屋，世界被它们搞得一片狼藉。于是，尧便向天帝求救。天帝派了祂的得力大臣——后羿去为民除害，临行前，天帝将自己的法器——绛紫天弓赐予了后羿，以最大的支持来消除人间的灾难。

后羿可真是个大能的神明，祂不负众望，把任务完成得漂漂亮亮。

首先，后羿“诛凿齿于畴华之野”。地上出现了怪物，其实就说明是人心出现了问题。心造万缘，心生万境，外界的万象无一不是心灵的投影。“凿齿”的牙齿特别长，这就为我们解释了问题的根源所在。牙齿是人体唯一露在外面的骨头，嘴唇是人体唯一露在外面的肌肉。中医里面讲，脾胃主肉，为五行中央土也，德行上表示为信。[①] 我们看见朋友家人，总喜欢握一握手，甚至

---

① 脾：《黄帝内经·阴阳应象大论》：中央生湿，湿生土，土生甘，甘生脾，脾生肉，肉生肺，脾主口。其在天为湿，在地为土，在体为肉，在藏为脾，在色为黄。《白虎通德论·情性》：五藏，肝仁，肺义，心礼，肾智，脾信也。

给对方来一个亲切的拥抱、亲吻。为什么呢？当我们与别人肌肤相接触时，其实就是表达了对彼此极度的信任感、安全感，一切事情的发生都不是偶然，它一定和我们的身体机能、世界结构、天地大道有关，而文化就可以从根本上解释这所有的现象。

牙齿属于骨头，在五脏中归于肾脏[①]。牙齿长而锋利，就表示肾脏的能量过分强大，不是正常的状态。当人的肾脏出现问题，阳能亢奋的时候，他的内心就会出现许许多多的欲[②]望，身体上的表现就是长了巨大的牙齿。肾脏在五行中属水，位于北方，五德为智慧，因此在这个时期，一定是人们的思想智巧过分泛滥，地上才有了“凿齿”这种怪物来显应。

在后来的春秋战国时期，是一个学术文化繁荣的年代，当时出现了很多的学派，被称为“诸子百家”[③]。每一宗派的开山祖师都非常厉害，他们的观点独树一帜，无一不是有智慧的人。可是在老子看来，这反而是大道衰落的表现，他说：“智慧出，有大伪！”[④]诸子的这些智慧啊，都是人为的，即是虚伪的；当人为的

---

① 肾脏：《黄帝内经·阴阳应象大论》：“北方生寒，寒生水，水生碱，碱生肾，肾生骨髓，髓生肝，肾主耳。

② 欲：《说文》：“贪欲也。从欠谷声。”《礼·乐记》：人生而静，天之性也。感于物而动，性之欲也。故心静为性，心动为情，动而不止为欲。

③ 诸子百家：先秦至汉初学术思想流派的总称。流传中最为广泛的是法家、道家、墨家、儒家、阴阳家、名家、杂家、农家、小说家、纵横家。

④ 《道德经》：大道废，有仁义；智慧出，有大伪；六亲不和，有孝慈；国家昏乱，有忠臣。

痕迹产生了，小智开始流行了，那么真正的大智慧就会被掩藏起来，真正的大道也就日渐消亡了。所以庄子也说过“道隐于小成，言隐于荣华”[①]，各派各家的成就、华美艳丽的语言，就使朴素简易的大道埋没不见了。

一个人的智巧出现时，就会想出很多的计谋。春秋战国是思想最繁荣的，也是国与国最混乱时期。诸侯间相互征战，用尽计谋，有合纵[②]的，有连横[③]的，而各国那些所谓的谋士、国师都站在各自的立场，算计对方，为的就是使自己的国家能称王称霸。这些就被称为思想上的“淫”[④]，“淫”者“泛滥”也。此为“伐性之斧”。对于人来说，肾水过多，但没有通过各种修行的手段将它向上引导，引肾水入脑髓，把它转化成志向和目标，于是就始终殆积在那里，渐渐地就使外在生理产生了变化。放大到一个国家，智巧有余而仁心不足，就会发生水灾、海啸这样的灾难。

因此对付“凿齿”用的是一个“诛”字，“诛”者“朱”也，赤色，是五行南方之火。“智”是北方的水，“朱”是南方的火，

---

① 《庄子·齐物论》：道隐于小成，言隐于荣华。

② 合纵：战国时苏秦游说六国诸侯实行纵向联合与秦国对抗的政策。

③ 连横：战国时张仪游说六国共同事奉秦国称连横。

④ 淫：《说文注》：一曰久雨曰淫。放纵、泛滥，无节制。

后羿就是用最简单的五行生克[①]的方法来调节阴阳，达致平衡的。

三、平定祸乱

“杀九婴于凶水之上”，九婴是一只九头的怪兽。“九”在中国文化里表示阳数之极，阳极对应南方，“九婴”即是与火有关系。将它杀死在凶水之上，凶水在北狄之处的水。水北火南，将序位颠倒回来，应用的还是我们上面说到的这个五行生克的道理。

“缴大风于青丘之泽”，这就要提到《庄子·逍遥游》[②]里面的一个段：“北冥有鱼，其名为鲲。鲲之大，不知其几千里也，化而为鸟，其名为鹏。鹏之背，不知其几千里也。”在北冥的地方，有一条叫做“鲲”的大鱼，它能神变成一只大鸟——神话里的“大风”就是指的这只“鲲鹏”。它有什么特性呢？“其翼若垂天之云，抟扶摇而上者九万里。”鲲鹏的翅膀大得就像垂在天边的云彩一样，轻轻地一飞就能直上九万里。但是地上有两只小虫就在笑话它了，“蜩与学鸠笑之曰：‘我决起而飞，抢榆枋，时则不至而控于地而已矣，奚以之九万里而南为？’”小虫得意洋洋地说，

---

① 五行生克：五行之间相生相克。相生，谓一物对另一物起促进作用；相克，谓一物对另一物起抑制作用。金生水，水生木，木生火，火生土，土生金；金克木，木克土，土克水，水克火，火克金。

② 《庄子·逍遥游》：《庄子》篇名。

我们在小树上扑棱一下翅膀就已经很满足了！大鹏你多傻啊，还要飞到天上去，还要不停地往南方迁徙，这又是何必呢？其实庄子在这里，用“鲲鹏”和“二虫”一大一小的对比，来比喻大智与小智境界上的区别。其实大智、小智都是智，和“无智”相比，那又是两重天了。

“大风”即是天上巨大的鸟，同《庄子》中的大鹏一样。

天上有很多的异象，云彩是我们最常见的一种。故事里的孙悟空、哪吒、各路神仙、天兵天将出动的时候都踩在云头之上，天上的人踩在云头就等于人间的人踩在大地上。因为云彩非常的轻，纯阳、轻清者上升，可是神仙更轻，祂们皆是纯阳之体。所以吕洞宾又叫吕纯阳。

纯阴、重浊者下降。当阳的能量消失了，寿命也尽了，就会被埋在土里，成为大地的一部分——这就是人去世后“入土为安”的原因，也是佛教里面说，天人寿命终了之时一定会往下堕生。这都是符合阴阳规律的。

青丘①是海内十洲②之内近东方的一处。汉朝时在汉武帝刘彻的身边，有位著名的大臣东方朔，他就写过一篇千古名文——《海

① 青丘：高诱注：“青丘，东方泽名也。”

② 东方朔：（前154—前93）西汉文学家。字曼倩，平原厌次（今山东惠民）人。武帝时为太中大夫。

内十洲记》[1]，详细记述了四海之内各洲的风土。东方朔其实是一位被贬下人间的天界童子，本是王母娘娘的侍从，因为顽皮，经常偷吃蟠桃而被罚下界。此时正值秦汉交替，风云迭起，中国刚刚被统一，但是思想文化还处于杂乱无章的状态。东方朔就是协助汉武帝来一统文化大业的人，等到这件事完成了，他的功德也圆满了，就能够回到原来天上的位置去了。

地上的青丘对应天上二十八星宿之南方七宿——井、鬼、柳、星、张、翼、轸，在南方七宿南偏东的位置。"青"指青阳之色，同样位属东方。大风的"风"对应巽卦，也是在东南方，对应人体的呼吸系统——肺。"缴大风"的"缴"音"叫"，此乃生命内在的风。"缴大风"即是用生命内在的风调整世界外在的风，这是修炼中的以内境化外境，诸神中的一个很高的神通。在"大风"出现的东南之巽地把它一举剿灭，以断绝后患，就像治病一样，抓住根本，从根源下手，保证药到病除。

四、重建家园

"断修蛇于洞庭"，"修"就是特别长的意思。让长的分成一

---

① 《海内十洲记》：汉武帝既闻王母说八方巨海之中，有祖洲、瀛洲、玄洲、炎洲、长洲、元洲、流洲、生洲、凤麟洲、聚窟洲，有此十洲，乃人迹所稀绝处。又始知东方朔非世常人，是以延之曲室，而亲问十洲所在，所有之物名，故书记之。

段一段的就叫做“断”。“洞庭”，现在指的是洞庭湖。古代还有一座洞庭山，洞者，通也。古代道教的经典总集为道藏，分为洞玄、洞神、洞真三部，也就是通玄、通神、通真三部。所以“洞庭”即是通天庭的意思，都是能够通天的胜地。

世界还有很多这样的地方，是人间与天相接的。最著名的是就昆仑山，它在中国的西北，八卦对应乾位，诸多宗教都以昆仑山作为最高、最神圣的地方。昆仑山[①]其实是一根连接着天地两端的大柱子，昔者水神共工与火神祝融打仗，共工落败了，一怒之下向不周山撞了过去，于是顶天立地的这根柱子就折断了，造成了“天倾西北，地陷东南”的局面，所以我们今天所看见的河流都是自西向东汇入大海的。

昆仑山自古以来就被称为“帝之下都”。“帝”是指天上的皇帝，对应天上北极星——天上紫微垣中间的位置，就是我们通常说的“北辰”，便是玉皇大帝的居处。《论语·为政》曰：“为政以德，辟如北辰，居其所而众星拱之。”天上正中心的北辰是“其所”，其他的星辰都要围绕着中心点来转动，那么皇帝也需要这样的魄力，要以德服人，下面的大臣才会忠心耿耿地为朝廷服务，百姓才能安心地过日子。

---

① 昆仑山：万山之祖，西王母之居所，中国第一神山。《山海经.大荒西经》：“西海之南，流沙之滨，赤水之后，黑水之前，有大山，名曰昆仑之丘。

“震旦”二字都表示“东方”，指的是我们的国家处在这个世界的东面。古代大禹治水定九州岛、造九鼎，指的都是以中国的国土来划分的“小九州”[①]，而不是“大九州”[②] 的概念。春秋战国时著名的人物邹衍，他开创阴阳五行学派，其中就有“大九州岛”之说，他把整个世界划分成了有九九八十一州。昆仑山在整个世界的版图上都占据了很重要的地位，昆仑之上是天帝统领的，昆仑之下主事的就是西王母。天柱昆仑的底下又有八根小柱子，每个柱子都像树根一样盘结在地的纹理里面，所以，世界上所有山都是空心的，每座山下都用一个个出气的小孔，它们全部联通着昆仑山，就像是一棵大树一样，和《阿凡达》里面的神树有异曲同工之妙。找到了通向昆仑的孔，就等于是找到了通天的道路。古代的道书《神仙传·神异纪》[③] 里面说，神仙掌握了天地间的奥妙，他们可以从这个山中冒出来，也可以从那个山下消失。而道

① 小九州岛：《书·禹贡》作冀、兖、青、徐、扬、荆、豫、梁、雍州。

② 大九州岛：《淮南子·地形训》：“何谓九州？东南 神州 曰农土，正南 次州 曰沃土，西南 戎州 曰滔土，正西 弇州 曰并土，正中 冀州 曰中土，西北 臺州 曰肥土，正北 泲州 曰成土，东北 薄州 曰隐土，正东 阳州 曰申土。”

③《神仙传》：东晋道家葛洪所著的一部古代汉族志怪小说集。共十卷。书中收录了中国古代传说中的 92 位仙人的事迹。

家讲“七十二福地[①]，三十六洞天”[②]，就有“洞庭”在其中，历代被誉为是仙家的宝地。

“断”的篆书是这样写的，字里面有的一圈一圈的符号，它原意是指天上的星辰。无论是东方还是西方，天上星象的研究一直是永恒的话题，它能给人们很多的提示。西方讲“十二星座”，天上不同的星星连结在一起就产生了“星座”。而中国，圣贤按照特定的区域把星辰划分开来，这便叫做“断”，所以我们看到它的字形，星星是被规律地划分开来的，这就是“二十八星宿”的起源。星座也好，星宿也好，其实都蕴含着天人合一的宇宙规律。以前，天上是混沌一片的，星星都垂挂在天上，怎么也分不清，但是星官是有各自的位置的，分别管理木、火、土、金、水的属性，分别在不同的地方当官。那么该如何区分其职能？传说就在地皇统治的时候，他把不同的职能划分给各个星官，使天上的星辰井然有序地运转。于此相似的是周朝大功臣姜子牙，祂不是“分星”了，而是“封神”，经过商周的更迭混战，把天上的神职全部打乱，由他来重新分配任命，可见这个人是有多大的本事啊！

---

① 七十二福地：《天地宫府图》云：“七十二福地，在大地名山之间，上帝命真人治之，其间多得道之所。”

② 三十六洞天：洞天意谓山中有洞室通达上天，贯通诸山。《洞天福地岳渎名山记》：道教传说中神仙所居的三十六处名山洞府。

“禽封豨于桑林”，这里没有用“诛”和“杀”，唯独用了一个“擒”字。“擒”就是“抓住”了，又通“家禽”的“禽”，即是“饲养”之意。“封豨”是一种大野猪，表面上是野猪，其实对应的是西方的白虎星宿的第一个——“奎”宿。西方白虎，主战争与杀伐的力量，“奎”宿是它的第一个宿，由十六颗星组成，首当其冲，它凝聚的杀伐之气是最强的。徐州就有一座奎山，虽然很小，但它是天上奎星的落地之处，而徐州又为九州之一，所以这里历来便是兵家必争之地。每一个地区的山和水，都特别有讲究，中国人基于这个特性，确立了风水学说，平常人看不见又摸不着，但它却是这么有道理，在人类的生活中发生着微妙的作用。

桑林的位置，处在“震”和“艮”中间。后羿把野猪抓住后圈养起来，经过一段时间的驯服，它变成了的一种家禽，正式归入人类的管理范围之内。到后来天子祭祀的“太牢之礼”[①]，用猪、牛、羊三牲[②]来供奉先祖，猪这种动物已经广泛地应用在了我们生活的方方面面。

前面十日是讲的十天干，后面六害讲的是地支。猰貐对应戌

① 太牢之礼：《清史稿·礼志一》：“太牢：羊一、牛一、豕一。”古代祭祀，牛羊豕三牲具备谓之太牢。

② 三牲：古时祭祀用的供品，分大三牲（猪、牛、羊）和小三牲（鸡、鸭、鱼）两种。

狗，凿齿对应子鼠，九婴对应辰龙，大风对应酉鸡，封豨对应亥猪，修蛇对应巳蛇。天道运行的法则乱了，大地上的规律也乱了，人类当然受到天地紊乱现象的影响。所以后羿“上射十日，下杀猰貐”，就是在调整天地的规律。

五、圣德高悬

后羿替百姓们解除了祸害，人民欢喜异常，终于可以恢复到正常的生活了。于是便“置尧[①]以为天子”，共同推选尧来做他们的帝王，因为这些事情都是尧交代给后羿去完成的。可是有个问题，这里似乎缺了一个关键的主语，真正是谁“置”尧为天子呢？我们来看“置”的字形，，上半部是“天网”的意思，这很容易让我们想到一个词，“天网恢恢，疏而不漏”[②]。经过射十日、除六害等等一系列的事情，上天认可了尧的德行，是“天”的主意让尧担当天子之任、行天子之事的。“尧”的繁体字上面是三个“土”，土者高也，三土相聚，更加说明他的德行高比日月、明如悬镜。以土德王天下，能够给百姓带来光明和安定的生活。天心即是民心，人民欢喜了，天亦欢喜，一切都是顺其自然、顺理成

① 尧：姓伊祁，名放勋，帝喾之子。上古帝王，陶唐氏以为号。

② 《老子》：“天网恢恢，疏而不失。”

章的。

那么《后羿射日》这个故事是在告诉我们：上古时期，关于皇天后土、阴阳五行之间，世界的建制又一次发生了巨大的变化，原来位置产生了错位，已经不适合这个时代的发展，需要重新调整和规划。在《女娲补天》里面，也是描述了天地的建制出现了紊乱，由她来修补的过程。这种建制为什么会发生改变呢？是因为人心变了，人的道德水平、思想意识离最初的状态又远了一步，天地的结构也随之发生了变化。虽然祸害已处，但在帝尧的心里，这或许是件颇为无奈的事情。如果我们把此次的巨变比喻成世界的一场急病，那么帝尧就是一位高明的医生，他看得很准，一针见血，既能知道病因，又通晓症结所在，于是开出了良方。而后羿就是他忠实的大臣，负责按照医生开的方子抓药、煎药，病人得治，当然皆大欢喜了！

这里主要赞扬的是帝尧的功绩，而关于这位天帝的大臣——后羿的故事，在后面还会继续出场，演绎一段经久流传的“天界爱情故事”。

另附：

1. 甲：天干排首位。《说文》：东方之孟，阳气萌动，从木戴孚甲之象。

2. 乙：天干的第二位。《说文》：象春艹木冤曲而出，阴气尚彊，其出乙乙也。

3. 丙：天干的第三位。《说文》：位南方，万物成，炳然。阴气初起，阳气将亏。从一入冂。一者，阳也。兵永切〖注〗徐锴曰："阳功成，入于冂。冂，门也，天地阴阳之门也。

4. 丁：天干的第四位。《说文》：夏时万物皆丁实。象形。丁者，言万物之丁壮也。

5. 戊：天干的第五位。《说文》：中宫也。郑注月令曰。戊之言茂也。万物皆枝叶茂盛。

6. 己：天干的第六位。《说文》：中宫也。戊已皆中宫。故中央土。象万物辟藏诎形也。

7. 庚：天干的第七位。《说文》：位西方，象秋时万物庚庚有实也。庚者，言阴气更万物。万物皆肃然更改。秀实新成。

8. 辛：天干的第八位。《说文》：秋时万物成而孰；金刚，味辛，辛痛即泣出。从一从辛。辛，罪也。

辛，新也。物初新者，皆收成也。金刚味辛。谓成孰之味也。辛痛即泣出。故以为艰辛字。

9. 壬：天干的第九位。《说文》：位北方也。阴极阳生。壬之言任也。时万物怀任于下。

10. 癸：天干的第十位。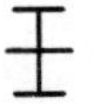《说文》：冬时，水土平，可揆度也。象水从四方流入地中之形。言万物可揆度。

第九章

嫦娥奔月

永赐清凉的慈悲

引语：

每到中秋节，天上的一轮圆月唤回了远在四方的游子，家人相聚在圆桌旁，饮一杯醇香的桂花酒，叙说着些天伦的乐事。月圆，真是人们心底最温馨的回忆。但对于月宫里的那位仙子而言，片刻的团圆，是一个多么可望而不可求的愿望。她每日默默舞动着清影，把宁静予以这个世界，却把孤独留给了自己。

因为实在是太远了，人们只能仰望她、憧憬她、思念她，却很少真正走进她的舞姿里去。如果能听见广寒宫里传来的声声浅唱，能摸一摸玉兔身上洁白的皮毛，也许，你抬头望月的心情就不同于往常了。

经典记载：

羿请不死之药于西王母，姮娥窃以奔月，怅然有丧，无以续之。

——《淮南子·览冥训》

羿请不死之药于西王母，托与姮娥。逢蒙往而窃之，窃之不成，欲加害姮娥。娥无以为计，吞不死药以升天。然不忍离羿而去，滞留月宫。广寒寂寥，怅然有丧，无以继之，遂催吴刚伐桂，玉兔捣药，欲配飞升之药，重回人间焉。

羿闻娥奔月而去，痛不欲生。月母感念其诚，允娥于月圆之日与羿会于月桂之下。民间有闻其窃窃私语者众焉。

——《淮南子·外八篇》

嫦娥，羿妻也，窃王母不死药服之，奔月。将往，枚占于有黄。有黄占之，曰："吉，翩翩归妹，独将西行，逢天晦芒，毋惊毋恐，后且大昌。"嫦娥遂托身于月，是为蟾蜍。

——张衡《灵宪》

姮娥，羿妻；羿请不死药于西王母，未及服食之，姮娥盗食之，得仙，奔入月中为月精也。

——汉·高诱（注）

白话解：

后羿从西王母那里得到了不死之药，交给美丽的妻子嫦娥来保管。逢蒙听说后前去偷窃，偷窃不成就要加害。情急之下，嫦娥只好吞下不死药飞到了天上。由于不忍心离开丈夫，嫦娥便滞留在月亮广寒宫。可是，广寒宫里寂寥难耐，让嫦娥非常思念故乡，于是就催促吴刚砍伐桂树，让玉兔捣药，想配成飞升之药，能早日回到人间与后羿团聚。

而后羿听说嫦娥奔月之后，伤心得痛不欲生。月母为二人的真诚所感动，于是允许嫦娥每年在月圆之日下界与羿在桂树下相会。据说，好多人都曾经听到后羿与嫦娥在月桂树下窃窃私语的声音呢。

传说，嫦娥将要飞去天上的时候，让巫师“有黄”给她卜了一卦。“有黄”卜卦之后对她说：“卦象是‘吉’，你翩翩飞去，独自向西而行，如果见到天黑暗，请不要惊慌恐惧，日后必会迎来盛昌的时刻。”嫦娥于是寄身月宫；又有说，地上的蟾蜍就是月精所化。而关于嫦娥奔月的原因，历来也是众说纷纭，有的说是她守护灵药的无奈之举，也有说是她存心盗药的后果，但无论是哪一种说法，都无法泯灭嫦娥——这位清冷的月宫仙子在我们心中的美好形象。

前面我们曾提到，尧命令后羿平复了一系列的灾难，万民欢喜，天地置尧为天子。而后羿是那些具体行为的行使者，对百姓也有不可磨灭的功德。接下来，我们便要讲一讲后羿与他那位美丽的妻子——嫦娥的故事。

一、生生不息

在商周更迭的时候，天地人神上演了一场混战，最后以商纣覆灭、武王胜利而告一段落。之后，辅佐武王的姜子牙便大范围地嘉奖功臣。但这些功臣均不是平凡的人物，本就是下生应世来帮助周朝的，他们在天界可都是诸神。那该怎么“封”呢？就在原来的仙位上“更上一层楼”！姜子牙作为诸神的分封者，代天授权当仁不让，由他来行使“封神”的职责。其中，有一条帮助纣王的“应龙”①专门负责兴云布雨，后来被降服了，反过来帮助姜子牙对付商纣王，大业完成后它便被封为司雨之官。对于这样惩恶扬善、顺应天命的功臣们，上天一定会有封赏，那么帮助万民除害的后羿得到了什么封赏呢？就是“不死之药”。

所谓“不死”，表示寿命很长，生命的能量（肾精）特别充足。《黄帝内经·上古天真论》里面对人的生命规律有这样的描述：“女子二七天癸至”、“男子二八天癸至”。②从婴儿发育开始，男子十六岁，女子十四岁，就到达了一生中能量最旺盛的状态。那什么是天癸呢？“癸”是十天干里面的最后一个，“壬”③“癸”④同属五行北方之水，八卦为坎，对应人的五脏就是肾脏。“壬”为阳，

---

① 应龙：《后汉书·张衡传》：“夫女魃北而应龙翔，洪鼎声而军容息。”李贤注：“女魃，旱神也。应龙，能兴云雨者也。”

② 《黄帝内经·上古天真论》：岐伯曰：女子七岁……二七而天癸至，任脉通，太冲脉盛，月事以时下，故有子；……丈夫八岁……二八，肾气盛，天癸至，精气溢写，阴阳和，故能有子；……肾者主水，受五藏六府之精而藏之，故五藏盛，乃能写。

③ 壬：天干的第九位。

④ 癸：天干的第十位。癸水，指月经。

“癸”为阴。“天癸”，是天一所生的阴水，是因为上天的变化而产生的，为先天，属于生命体里原动、本然的能量。

采集天上的火可以通过太阳光穿过凸透镜来聚焦，那怎么取来自天上的水呢？“蚌”教会了我们，在深海里的蚌每到月圆之夜的子时，就会自动感应地张开它的嘴巴，吸取最纯正的阴能。如果我们也在此刻用蚌壳对准月亮，蚌壳上很快就会有水珠。

女子平均十四岁左右就会来月事，这就是“天癸”充盈的表现。根据太阴之精——月亮的变化，导致了这种生理现象的产生。

论月之圆缺，古人用“朔、望、晦”三个字来表述：“朔”是初一，基本上看不见月亮；“望”是十五，天上“白玉盘”高高悬；“晦”是三十，只有一小弯月牙。我们分开来看，“朔”为“屰(nì)”“月”，“屰”通“逆”。谈到月亮，人们的第一个反应就是圆的——“望”的形象，太阳光被完全地折射出来，呈现出最圆满的状态。如果我们把“圆月”认为是月亮本然的面貌，那么“逆”着它本来的样子就是“朔”，是亏损的、不圆满的。“望”，上部为“亡月”，下部为“壬”，乃阴之精，每月十五就是月阴之精华最旺盛的时候，表示从最圆满的本象逐渐走向消亡。这一天对应大地上的潮汐，潮汐是地球的“月事”。“晦”者，黯淡无光也，它的能量全部都用完了。月亮的“朔、望、晦”，总结得十分到位，就是在讲所有阴的能量、阴的事物变化一周的过程。而“望”中之“壬”是阴中之阳，对应的是天上的月亮；“癸”是阴中之阴，反映在地上人的身体。所以，在人为“天癸”，在天为“壬”“望”。

《黄帝内经》又云：“天癸至，故能有子。”所谓“天癸至”，就是自然的能量在这时恰好与生命发展的节点重合，于是激发了生命中“水”的出现，并以“精”的物质形态存在于肾脏里。但是，到了女子七七四十九岁，男子八八六十四岁，肾精没有了，生的能力就不再出现。所以赐给后羿的“不死之药”，不仅仅是“不会死”，更是使生命能量充盈，生生不息的延续仙丹妙药，是可以使得人类的生命摆脱大地吸引的方法。

二、王母赐药

这颗“不死之药”是如何得到呢？原文里说：“羿请不死之药于西王母。”历史上，秦始皇嬴政[①]、汉武帝刘彻[②]都曾希望求得不死之药，不过都不是那么容易成功的。在他们之前，后羿得到了，

① 司马迁·《史记·卷六·秦始皇本纪第六》：齐人徐市等上书，言海中有三神山，名曰蓬莱、方丈、瀛洲，仙人居之。请得斋戒，与童男女求之。于是遣徐市发童男女数千人，入海求仙人。

② 司马迁·《史记·孝武本纪》：天子既已封禅泰山，无风雨灾，而方士更言蓬莱诸神山若将可得，于是上欣然庶几遇之，乃复东至海上望，冀遇蓬莱焉。奉车子侯暴病，一日死。上乃遂去，并海上，北至碣石，巡自辽西，历北边至九原。五月，返至甘泉。有司言宝鼎出为元鼎，以今年为元封元年。

因为他为百姓做出了巨大的贡献，射日诛凶，保全了天下无数人的性命——后羿让人民活下来了，上天就赐他不死的大能，这是因果使然。后羿拥有不死药，是合情合理的。

由西王母赐不死之药，是十分有道理的。《山海经》对西王母有这样的记载：“其状如人，豹尾虎齿，善啸，蓬发戴胜，是司天之厉及五残。”“西王母梯几而戴胜仗，其南有三青鸟，为西王母取食。”很多古代神话传说中，西王母均以“白虎”或“豹子”的形象出现，豹尾、虎齿，头上还戴有一顶叫“胜”的皇冠。这个世界上，“有鳞”（鳞片覆盖身体）之长为龙，“有羽”（羽毛覆盖身体）之长为凤，“有毛”（毛发覆盖身体）之长为麒麟，“有甲”（甲壳坚硬）之长为龟，人被称为“倮虫”，是万物之灵长。[①]西王母的样貌像豹子，其实是在表示法意，指她为西方纯阴（白虎）之位的统领。少阴之气凝聚在西方，少阳之气凝聚在东方，老阳在南，老阴在北[②]。所以，西王母是西方少阴之精所化现[③]，在季节为秋天，主收摄、肃降和杀伐。

---

① 《礼记・礼运》：“麟、凤、龟、龙，谓之四灵。”注：麟为百兽之长，凤为百禽之长，龟为百介之长，龙为百鳞之长。

② 《周易・系辞》：是故易有太极，是生两仪，两仪生四象，四象生八卦。四象分别为少阳、老阳、少阴、老阴，各对应一神兽：东方青龙、南方朱雀、西方白虎和北方玄武。

③ 《列仙全传》所载：西王母是西华至妙之气化生而成，与东王公分掌天下三界内外十方之男女仙籍，配位西方，其神格仅次于三清，十分崇高。

西王母住在昆仑山的瑶台[①]之上，每天有三青鸟（三足乌）为她啄食，身旁常有龙、凤等瑞兽环绕。九尾狐还是她的宠物，传说九尾狐只会在天下大治时出现，凡是能看见它的人都会长寿无极。这可是比凤凰麒麟这样的瑞兽还难遇到的呢！

西王母主死[②]，东王公主生[③]，人间的生死寿数就像是一根绳子，两头牵在这二位的手中。王母通常以女性的形象出现，她有很多的下属，地位高的称为“夫人”，形象似四十岁的贵妇，神级越低的，呈现的样子越年轻，但无一不是璎珞加身，环佩系裙，相貌端庄，仪态万千。天界所有的女性神仙，都归到西王母的座下，所以，她是群阴的统领，由她将不死之药赐予后羿，再合适不过了。文中用一个“请”字，是表示恭敬、尊重的意思。

三、寄身月宫

后羿得到之后，把灵药托付给自己的妻子。用“托”而不用“交”，可知这是一件很郑重的事情，夫妻俩对宝贝十分地珍视，

① 瑶台：汉族神话传说中神仙所居之地。《穆天子传》卷三：“天子宾于西王母，天子觞西王母于瑶池之上。”

② 西王母是所有女仙及天地间一切阴气的首领。阴者主西方少阴之气，是上天派来掌管瘟疫、疾病、死亡和刑杀的神。

③ 东王公为所有男仙领袖，亦是天地间阳气的主宰。阳者主东方少阳之气，生化万物也。

这也为后来的故事发展埋下了伏笔。

“姮娥”是没有奔月之前的名字，到了月宫才叫做“嫦娥”。天赐灵药，本是一件值得欢喜的事情，谁料到半路杀出了一个“逢蒙”。说到“逢蒙”，这又得提到一段插曲：相传，后羿的射术天下闻名，逢蒙慕名前来拜师。后羿认为他是一块可塑之才，便把自己所能倾囊相授。渐渐的，逢蒙认为自己的箭术和后羿已经不相上下了，竟然对师傅生起嫉妒之心，萌发了歹意。有一次，后羿单独外出打猎，逢蒙就埋伏在灌木丛里，用箭从背后射他，发了十次都被后羿用箭挡过了。逢蒙还剩一支箭的时候，后羿的箭已经用完了，他就用牙齿咬住了最后的一箭，逢蒙的阴谋最终没有得逞。①

射，箭搭在弓弦之上，引而未发的时候，如同“喜怒哀乐之未发，谓之中”也，这就是《中庸》里讲的“中”的状态。而箭就如同日常生活中的喜怒哀乐的心念。心念还没有动的时候，也是“中”的状态。

“心静为性，心动为情，动而不止为欲”②。当看到一个猎物的时候，一定要把箭射出去，就可以捕获它。在千钧一发的时候，不要射出那一箭，让它停在当下的心弦上，猎物还是猎物，你还

---

① 《孟子·离娄下》：逢蒙学射于羿，尽羿之道，思天下惟羿为愈己，于是杀羿。

② 《礼·乐记》人生而静，天之性也。感于物而动，性之欲也。

是你，箭还是箭，弓还是弓。诸物皆还本性，自然明心见性。这就是为什么古代的高僧大德，背着弓跑到山里去，用箭射向猎物的那一刻，就豁然开悟了？其实射的不是猎物，而是射的是自己的心。电光火石间，你的心还在不在，是停在了原位，还是已经随着那离弦的箭也一起奔出去了？现在日本流行的弓道，就是从中国传过去的，加上了禅宗的意旨，成为以弓入道。

逢蒙见杀害后羿不成，便开始打“不死之药”的主意，又窃之不成，就加害于姮娥。

“娥无以为计，吞不死药以升天。”这里，我们真应该替姮娥澄清，自小就在诗里面读到“嫦娥应悔偷灵药，碧海青天夜夜心”[①]的句子，好像大家都责怪她偷吃了灵药，结果落得个孑然一身。其实嫦娥是为了保护灵药，迫不得已才吃下去的，用一个“偷”字似乎显得有些不近人情。后世也有版本认为是嫦娥盗药，自食其果。反正无论如何，人间是少了位美丽的姮娥，月上多了位清冷的仙子。

不死之药，能使人阳寿增长。正常而言，人是处于阴阳平衡的状态。那么如果一个人生命体里阳的能量足够多，他的生命就接近于纯阳之体。轻清者上升，阳的能量越纯，生命就越轻盈，

---

① 出自唐朝李商隐《嫦娥》诗篇，“云母屏风烛影深，长河渐落晓星沉．嫦娥应悔偷灵药，碧海青天夜夜心。”

越往上走；重浊者下沉[①]，阴的能量越大，生命就越重，越往下堕。这个世界上上下下分成了很多个维度[②]，又叫做“天”。哪一个维度（一层天）能够承托起你身体的重量，你就会投生成为那一层天的天人。天、地、人，人在中央，居住在天以下、地以上的位置，阴阳参半、善恶兼有，佛教将之称为“娑婆”[③]，是缺陷堪忍的意思。它不完美，痛苦和喜乐并存，堪能够为我们所忍受。如果生命业力的重量连大地也承受不住了，就会掉到地底下去，那便是饿鬼、地狱的众生了。

这个世界上，能飞的是鸟类，能潜的是鱼类。每年春天，学校举行放生活动，提倡少年儿童在这个万物生发、阳能上升的季节里，少杀生，多放生；顺应自然，培育仁爱之心。

凡是对情感执持不放的众生，大多都会投生为鸟类；凡是贪着爱欲的众生，大多会投生为鱼类。我们最熟悉一句誓言，“在天愿为比翼鸟”。比翼鸟[④]的雄鸟只有左边的翅膀，雌鸟只有右边的翅膀，雌雄结合才能双宿双飞。这不是比喻，上古确有其事。

---

① 《三五历纪》：天地开辟，阳清为天，阴浊为地。

② 维度指独立的时空坐标的数目。0维是一点，没有长度。1维是线，只有长度。2维是一个平面，是由长度和宽度（或曲线）形成面积。3维是2维加上高度形成体积面。4维分为时间上和空间上的4维。

③ 我们所居世界的简称。娑婆汉译“堪忍”，因此世界的众生，堪能忍受十恶（杀生、偷盗、邪淫、妄语、绮语、恶口、两舌、贪欲、嗔恚、愚痴）及诸烦恼而不肯出离，故名“堪忍世界”。

④ 《尔雅·释地》：“南方有比翼鸟焉，不比不飞，其名谓之鹣鹣。”

“在地愿为连理枝”，两棵树相隔地再远，根部哪怕直抵黄泉，也要长在一起，人间也有这样的树。在印度，当年佛陀入涅槃时，所谓的“双林入灭”的“双林”就是这种树，表面看来是两颗树，但地下的是一个根。

天上地下，永不分离。

“然不忍离羿而去，滞留月宫”。月宫有个好听的名字叫“广寒宫”，阴气之精所成，是天地间最寒冷清幽的地方。嫦娥虽然吞食了灵药，身体变得很轻盈，本来是可以向更高处的天界飞去的，奈何她心中对丈夫后羿有着浓浓的不舍之情，对人间还有许多的牵挂。在这两股力量的作用下，她最终留在了广寒宫——人间离天界最近的位置，佛教称此为欲界的第一层天。

“嫦娥遂托身于月，是为蟾蜍。”嫦娥奔月以后，化为了“蟾蜍”，[1] 这里并不是在指她的容貌发生了变化。“蟾蜍”亦是表法之意，蟾蜍者，蛙也，是动物里繁殖力强的代表，用这一形象来比拟月亮，是因为它们都属于阴之精华，同具有极强的生育能力。

四、阳长阴消

“广寒寂寥，怅然有丧，无以继之，遂催吴刚伐桂，玉兔捣药，

① 传说月亮里有三条腿的蟾蜍，后用为月亮的代称。

欲配飞升之药，重回人间焉。”广寒宫一定是寂寞的。大诗人苏轼曾经感叹道：“高处不胜寒，起舞弄清影，何似在人间。”似乎和嫦娥的处境有几分相似。

这里提到了嫦娥在月宫上的两位小伙伴：玉兔和吴刚。为什么会由一只兔子来捣药呢？“兔”在十二地支中对应的是“卯”，卯时在5点到7点，是天门打开，太阳初生的时刻。“卯”[①]（篆书写法）的字形，就是两扇大门微微开启的样子。古时在官厅里负责查班的人员叫做“点卯”，天地开张，人身体里的阳气也随着打开，就要开始工作了。“卯”在一天里是早晨，在一年里是春季，再将它细分，对应的就是二十四节气中的春分。春分是一年里日夜等长、阴阳等分的关节点，太阳从南回归线向北移时，某一瞬间直射赤道，光线把地球刚好分成了平均的两半。这个瞬间非常关键，就在太阳光线与赤道重合的一刹那，是真正意义上的阴阳平衡。玉兔捣药，代表的就是取春分这一时刻少阳的能量。

吴刚[②]是一个修道的方士，家住在齐国。因为他修道犯了过错，王母娘娘便惩罚他在月宫砍桂树。桂树是秋季的象征，特别

① 《说文》：卯，二月，万物冒地而出。象开门之形。故二月为天门。卯，居地支第四位，属兔。十二时辰之一，5点到7点。

② 《酉阳杂俎·天咫》：“旧言月中有桂，有蟾蜍，故异书言，月桂高五百丈，下有一人常斫之，树创随合。人姓吴名刚，西河人，学仙有过，谪令伐树。

是在八月份，桂花飘香。阴历的八月十五对应斗建图的酉位，是全年中的纯阴之气最旺的时候，对应的桂树、桂花。因此吴刚伐桂所代表的意思就是取此刻少阴的能量。所以人间要在那天晚上祭拜月亮，便可得正阴之气。

农历八月十五中秋节，是一年月亮最圆的时候。我们注意到，中秋月圆讲的是“阴历”，以月亮的朔望晦变化为根据的历法；玉兔捣药讲的春分是“阳历”，以太阳绕地球公转的运行规律制定的历法。而我们的祖先将两者巧妙地结合起来，制定出“阴阳合历”：既有参考月亮的变化的“大建”（大月 30 天）、“小建”（小月 29 天）；也有与太阳相关的“七十二候”、“二十四节气”，为人们的生活作息提供了有迹可循的标准。“中秋”是个很特别的节日，它往往和“秋分”离得很近，秋分和春分相同，也是个阴阳等分、昼夜等长的节点。“玉兔”取意“春分”，“伐桂”取意“中秋”，恰是阴历和阳历的结合，这体现了中国文化里很完美的融合性，随处都是圆融的，正反、阴阳，都不会产生冲突，那么合理，又那么自然无痕。

吴刚伐桂有一个特点，这棵桂树怎么砍都砍不断，总是能“复原”。这是什么原因呢？复者，七日来复，像一个星期有七天一样，周天结束了又回到周一，永远在循环往复。这是在告诉我们，阴阳两股能量的变化是不会停断的，尔消彼长，尔长彼消——利用阴阳的这种特质来制药，当然是可以“不死”的，人的生命里其实也有这种能力。道家里经常提到的“长生不老”之药有两种：一种为外丹，就是以炉鼎炼铅汞成金丹，服之以长生；一种为内丹，就是以天地为炉鼎、自身为药物、自然无为做火候，谴欲以澄心，化气以育神、除妄以入道。但不论哪一种，皆是以阴阳二气的修炼为基础的。

“羿闻娥奔月而去，痛不欲生。月母感念其诚，允娥于月圆之日与羿会于月桂之下，民间有闻其窃窃私语者众焉。”后羿和嫦娥被相隔在天地两头，到月圆之日才能相会在月桂树下。

古今中外历来修道者，皆以“诚”字为先，诚意、诚心、赤诚、诚明，此基一筑，万法便立。不可忘失。

五、守世清凉

张衡[①]在《灵宪》篇里面也有嫦娥奔月的记述，“嫦娥，羿妻也，窃西王母不死之药服之，奔月。将往，枚占于有黄。”这里说，嫦娥在奔月前曾向上古著名的巫师有黄占卜。“曰：吉。”得出的结果是吉祥的，说明嫦娥赴月是得到天地许可的。“翩翩归妹”

① 张衡（78 年—139 年），字平子，南阳西鄂（今河南南阳市石桥镇）人，与司马相如、扬雄、班固并称汉赋四大家。又，发明了浑天仪、地动仪。

指占卜出来的这个卦象，是上雷下泽的“归妹卦”[①]。“翩翩”是形容清扬之气上升状态，“归妹”者，女始嫁也，女子到可以出嫁的年纪了。“独将西行”，女子不仅要离开原来的家庭，且孤独地向西方走去。为什么是西行呢？这和前面讲到“西王母”是一样的，指向“少阴”和“月亮”。“逢天晦芒，毋惊毋恐”卦辞在提醒嫦娥，遇到发生月食，天地无光的时候，切莫慌张害怕，奔月就在此刻。“后且大昌”，嫦娥奔月，将会给后世带来无穷的利益。得到了这样的启示，嫦娥便把她的生命化成少阴之气的精华，舍去凡情，寄身月宫。嫦娥的确是不死的，她用自己全生的热情化为月亮的瑰丽光影，护佑人间久久常常，共赏明月岁岁年年。

月亮连同另外的六颗星辰，统称为“七正”“七曜”或“七伟”，它们分别是：日，月，金星（太白），木星（岁、太岁），水星（辰），火星（荧惑），土星（镇，填）。这是对人类影响最大的七颗星。我们以九宫格来表示：

日	火	月
木	土	金
计都	水	罗睺

① 《易经》第五十四卦：归妹卦　雷泽归妹　震上兑下䷵。可见泽上雷鸣，雷鸣水动，用以喻男女心动相爱而成眷属。

九宫格里多了两颗星，并称“九曜”。左右下角的“计都”[1]和“罗睺”[2]是两颗灾星，位置在黄道带上，两星正好相对。古人认为，如果男子女子到了特定的年纪，遇上“计都”或“罗睺”值年，就一定要加倍小心谨慎地行事，防止灾祸的发生。火星闪烁不定，叫做“荧惑”，荧惑当空，就是凶相的兆头。木星和水星是吉星，而土星离地球较远，出现的次数很少，占卜的时候不常用到。金星和水星则离太阳较近，因为被太阳强烈的光芒所掩盖，白天也很难能够看见。从人出生的那时开始，生命就与“九曜”产生了千丝万缕的联系。冥冥中，九曜星辰的变化移位都在左右着天地、万物、人生的发展方向。

据史料的记载，后羿的祖籍就在今天的山东省日照市，以前那里被称为“东夷”，在上古时期，东夷是一个非常了不起民族。他们的家离大海很近，海上有扶桑之国，住着十个太阳的扶桑树就长在那个地方。当时的天帝名“俊”，他娶了两位妻子：羲（仪）和生十个太阳；常羲（仪）生了十二个月亮。古书常说，“太极生两仪”生的是阴阳，具象上就表现为日月。后羿来自东夷民族，他就是专门掌管太阳和天干的。常羲，即是后来的嫦娥，是月亮

---

① 计都星是北斗九曜中的一个凶星。古人认为，尤其女人遇到计都星值年，人缘差，口舌是非，倒霉晦气。

② 罗睺星是北斗九曜中的一个凶星。古人说：“罗睺当头照，男人忧愁到”，凡男人逢到罗睺星值年，凶性最验，家宅不安，官司破财。

的缔造者、守护者。在道家里，把嫦娥封为了“上虚夫人”；佛教则把月宫看做是一个世界，叫“月宫天”或“月天”，里面还有无量的众生。

“月宫天子”①（大势至菩萨的化身）就是那里的主人。天上的神明总是会在不同的时间、不同的地点，用不同的名字，做不同的事情，但我们要学会用关联的思维来看每一段神话故事，找到它们的共同点。

其实，嫦娥奔月，有神话里故事性的一面，也有事实客观的一面，月宫仙子之所以是嫦娥，不是别人，那是因为她的德行与月相合，故而被西王母委以重任，派她单独驻守在这里。这对千古闻名的眷侣，一人在地上帮助帝王平定天下，一人在天上协助王母统理群阴，夫妻分管阴阳，天地和谐安稳，他们功不可没。

---

① 月宫天子又叫月天、大白光神等，住在月宫中。《佛学大辞典》记载：有经云，大势至菩萨名宝吉祥，作月天子。故此，人们所祭拜的月全称是月天子宝吉祥菩萨，大势至菩萨的化身。

第十章

牛女相会

经纬天地的情怀

引语：

古时，童蒙嘴边琅琅上口的一段韵文——“牛女二星河左右”，说的就是天上的这段故事。

在《牛郎织女》里，有太多美轮美奂的画面，让人想起了天边那灿烂的银河、众鸟首尾相连搭起的鹊桥，甚至，还能闻见织布机吱吱作响的机杼声。所有的画与声，以霞彩云锦为背景，交织出一段天上人间的千古情愫，可谓是众多神话里最浪漫的一个。

于是，我们悄悄潜回星夜，在漫天闪烁的“明灯”中，寻找牛女二人的身影。星星用祂们的故事，诠释出“爱”的含义，让我们对每一次的重逢都倍加珍重，又对每一次的别离深怀感激。

经典记载：

维天有汉，监亦有光。跂彼织女，终日七襄。虽则七襄，不成报章。睆彼牵牛，不以服箱。

——《诗经·小雅·大东》

天河之东有织女，天帝之女也，年年机杼劳役，织成云锦天衣。天帝怜其独处，许嫁河西牵牛郎，嫁后遂废织衽。天帝怒，责令归河东，许一年一度相会。

——《月令广义·七月令》引《小说》

桂阳成武丁有仙道，常在人间。忽谓其弟曰："七月七日织女当渡河，诸仙悉还宫，吾向已被召，不得停，与尔别矣"，弟问曰："织女何事当渡河？兄当何还？"答曰："织女暂诣牵牛，吾去后三十年当耳。"

——《续齐谐记》

迢迢牵牛星，皎皎河汉女。纤纤擢素手，札札弄机杼。终日不成章，泣涕零如雨。河汉清且浅，相去复几许。盈盈一水间，脉脉不得语。

——《古诗十九首·迢迢牵牛星》

七夕织女当渡河，使鹊为桥，相传七夕鹊首无故皆髡，因为梁以渡织女故也。

——《风俗记》

白话解：

看那天上的银河，照耀灿灿闪亮光。

鼎足三颗织女星，一天七次移动忙。

纵然织女移动忙，却织不出好文章。

牵牛三星亮闪闪，不能拉车难载箱。

勤巧善良的“织女”居河东，英姿勃发的“河鼓”居河西，再般配不过了。天帝可怜织女孤身一人，便亲许祂们结为眷侣，但是，祂们婚后却荒废了本职，这可把天帝惹怒了，天帝一气之下，便责令祂们各归东西，只许一年一度相会。夫妻二人只有在每年的七月初七见面，让喜鹊帮忙以身体搭成桥，方可渡过银河去。所以，这一天，传说因为被牛郎织女脚踩过的缘故，喜鹊头上的羽毛都被踩秃了。

桂阳有一位叫做“成武丁”的得道之人，常在人间游化。忽然有一天，他对自己的弟弟说道：“七月七日织女就要渡过银河，在这一天，众仙都要回天宫去，我已经接到命令了，片刻不可逗留，便向你告别。”弟弟好奇地询问原因，原来是牛郎织女要相见，这一别，天上一日的光景，人间竟要分离三十年的光阴。

一、星汉灿烂

牛郎、织女不仅是一对眷侣，还是天上的两颗星星。《笠翁对韵[1]里面有一句话："牛女二星河左右，参商两曜斗西东。"牛女二星在"河"左右，"河"指的就是"银河"[2]，牛郎星在河左，织女星一个在河右。银河有很多的别称，也可以叫做"天河""天汉""天津"。"天津"有时候指"银河"，也有"渡口"的意思。为了避免混淆，古人更喜欢把它称之为"天汉"，而不用"天津"。

讲到天上的星汉，这是一个复杂且庞大的系统，先了解一些基本的星象能够帮助我们更好地去理解这个故事。

我们生活在北半球，因为地域的局限，没有办法在同一个时间点上完全看到天上所有的星图。地球有赤道，如果我们把无尽的天空也比做一个球，那么"天球"也有"天赤道"，它是一个假想出来的概念：若我们把地球的赤道面无限扩大，比如扩大到一亿光年以后，赤道面与"天球"相交的无限大圆圈，就是所谓的"天赤道"。"天球"的外面和里面都有很多的星星，只要我们把"天赤道"的半径延伸得越大，"天球"里包裹的星星就越多。天上所有相对位置恒定的星辰，都会在"天球"上落下一个投影，我们把它的投影锁定在天球上，以此来辨别这一处星的所在位置。古人依据这些星影的位置，就绘制出了最早的星象图。天上众多的星辰依据亮度的不同，共划分了许多等星，称为"星等"。

---

① 是从前人们学习写作近体诗、词，用来熟悉对仗、用韵、组织词语的启蒙读物。作者李渔，号笠翁，明末清初人，因此叫《笠翁对韵》。

② 又称天河、银汉，是横跨星空的一条乳白色亮带。

星等值越小，星星就越亮，星等的数值越大，它的光就越暗。天球上像棉花状的就是“银河”，平常在我们的可视光区用肉眼很难看见；除非有两种情况：第一，在郊区的郊外，没有亮光，且目视范围内少有高的建筑物阻挡视线；第二就是在山顶，它呈现的颜色非常淡。

古人为了方便观察，天空划分开了好多个区域。东西方人的划分因为标准有差异而存在不同，比如西方的宙斯、上帝，而东方有玉帝，印度有帝释等等。因为站的位置不一样，角度不一样，所以看到的东西也不一样，每位神明都会因了着自己的所见，来划分星空。中国的老祖宗基本上把天球分成了三个“垣”（音圆）：“太微垣”①、“紫微垣”②、和“天市垣”③。“垣”，本来是墙壁的意思，天上的“垣”，如同有两面墙，把无数的星辰围成一个独立可分的区域。天帝日常居住在“紫微垣”，理政会事则在办公室“太微垣”，和民众打交道、处理人间的事物就在“天市垣”。

古人还不均等地把天空一周分成了二十八块，称为“二十八

---

① 三垣的上垣，位居于紫微垣之下的东北方，北斗之南。以五帝座为中枢，太微即政府的意思，星名亦多用官名命名，例如左执法即廷尉，右执法即御史大夫等。

② 三垣的中垣，居于北天中央，所以又称中宫，或紫微宫。紫微宫即皇宫的意思，各星多数以官名命名。它以北极为中枢，东、西两藩共十五颗星。两弓相合，环抱成垣。

③ 三垣的下垣。天上的市集，是平民百姓居住的地方，象征繁华街市。

星宿”，“宿”就是“宿舍”，月亮每天都在不同的“宿舍过夜”，今天住在“角”，明天住在“亢”，把每个“房间”都住上一遍，就是一个月二十八天的时间。二十八星宿按方位属性又可以分成四部分，就是我们常说的四象，“左青龙右白虎，南朱雀北玄武”：“青龙”（角亢氐房星尾箕）在少阳东方；“玄武”（斗牛女虚危室壁）在老阴北方；“白虎”（奎娄胃昴毕觜参）在少阴西方；“朱雀”（井鬼柳星张翼轸）在老阳南方。

“牛女二星”包含了两个概念：其一是指“牛宿”和“女宿”，其二是“牛郎”（河鼓）和“织女”，把它们区分开来。前者讲到的“宿”是“牛宿”和“女宿”，在哪里呢？它们所在的区域就是彼此管辖的地方。“牛宿”是玄武的第二宿，由六颗星组成，因为像牛角的形状而得名。《宋史·天文志三》云：“牛宿六星，天之关梁，主牺牲事。”当天空中牛宿出现的时候，似乎都是不良的预兆，民间便会有丧事的发生。“女宿”又叫“须女”，它就排在“牛宿”的后面，为北方玄武的第三宿，共有四颗星，样子就像是古代妇女用来颠簸五谷的簸箕，它是一颗吉星。

初夏，我们在黎明时的南方中天就会看到它的身影。“牛宿”和“女宿”在天上的位置恰恰和“牛郎织女”非常接近，后者刚好就处在了相应“宿”的区域中。

而第二种讲的是“织女”星和“河鼓”星的单颗星概念，他们都属于牛宿上的两个星官。“织女”有三颗星，人们通常把第一颗看做是织女其人，她的光芒非常亮，属于“一等星”，也是离太阳最近但最耀眼的星辰。织女星像一个人叉开腿站着的样子，但因为中间的那颗实在太亮了，光芒盖住了其余两颗，所以我们通常只能看见天上最亮的一颗。“河鼓星”也有三颗星，他的光芒次于织女，最中间的那颗就是牛郎其人，另外的左右两颗就是他传说中的两个孩子，三星连成了一条直线，仿佛就是牛郎挑着扁担，箩筐里装着两个可爱的孩子，脚步匆匆，正向鹊桥中间奔去呢。他们夫妻俩一个在河左，一个在河右，织女离紫微垣近，离天帝近。天上的银河，相当于地上皇城的护城河，在边界起到保护防卫的作用。

《诗经·小雅·大东》是一首以织女星讽刺当朝帝王昏庸无道的作品。诗云：“维天有汉，监亦有光。”银河横亘在天上两端，当它的河水平静下来后，发出的光芒就像镜子一样光彩照人。“跂彼织女，终日七襄。”“跂”形容这组星星像人两腿分开站立的样子，“襄”是走来走去的意思。这位织女从来没有停下来歇息过，每天都要在空中来回走七次。从太阳升起的东面（卯位）到落山的西面（酉位），之间跨越了七个时间点（卯辰巳午未申酉），织女就在七点间来回穿梭，就像织布的梭子一样，每日忙碌。“虽则七襄，不成报章。”音十为章①，为乐曲圆满结束之意。地上的

① 《说文》：章，乐竟爲一章。歌所止曰章。从音从十。十，数之终也。

人虽然每天见她来来回回地穿梭工作，但是从来没有制作出一幅完美的织品。“睆彼牵牛，不以服箱。”不仅如此，这个牵牛郎也够令人生气的，本来是一辆可以拉牲口的工具，但它的车子上竟然不能放箱子，这又有什么用处呢——因为牛不是真的牛，只是一组星星而已。

这首诗借织女牵牛星为喻，说明了老百姓对皇室的怨恨，狠狠地把统治者痛骂了一顿：皇室的王就像织女一样，居于高位却不能为百姓指引方向；像牵牛星一样有至高的权利却不做实事，不“报章”，不“服箱”，光坐在皇位上，却对人民的生活不管不顾。占着重要的位置而不能发挥作用，真是太可恨了！天子不得民心，这是天下大乱的伊始！

通过这首诗，我们就知道了：天上所有的星（宿），不仅有它们各自的形状，而且各肩负着不同的职责。“织女星”自然是负责连织天地经纬，“牵牛星”就要负责耕作运物，每组星辰的存在都有它本身的含义和使命。

二、织造经纬

《月令广义·七月令》[①] 云：“天河之东有织女，天帝之女也。”

① 明冯应京撰，戴任续成之。

原来天河东边的这位织女是天帝的女儿。“年年机杼劳役，织成云锦天衣。”织女织女，顾名思义，就是以织造为本业。地上的织女织的是布帛丝麻，天上的织女织的是云锦天衣。“天帝怜其独处，许嫁河西牵牛郎，嫁后遂废织衽。”可以看得出来，天帝特别疼爱这个小女儿，便为她谋了一桩婚事，将其嫁给了天河西面那位老实憨厚的牛郎为妻。谁知，织女成为人妇之后，竟然荒废了本业，懈怠了织造之工。“天帝怒，责令归河东，许一年一度相会。”这可怎么得了！天帝一怒之下，责罚织女归还河东，只允许她与牛郎一年一会。这是在《七月令》里面记载的，因为牛郎织女正是在七夕（七月七日）这天相会。

在我们最熟悉的故事版本里面，织女依旧是天上的仙女，牛郎就变成了人间一位苦命的少年。贫穷的他以耕种为生，受尽同屋哥嫂的欺压。后来，哥嫂与他分家，牛郎只好与那头年迈的老牛相依为命了。这头牛大概是有什么异能，在临死之日，有感于牛郎对它的情谊，便告诉他有仙女在某湖边沐浴嬉戏的消息，还教他偷衣一计。忠厚的牛郎照老牛说的去做了，因偷衣而与织女相识，互生好感，二人遂结成了夫妻，过上了男耕女织、夫唱妇随的幸福生活。后来此事被天庭知道了，王母一怒之下，拔下头上银簪，划出一道银河将两人分隔左右。从此，夫妻便只能七月七日在鹊桥上方相见了。人间和天上是两个不同的维度，人间讲究“门当户对”，天界更是如此。人神不同构，不相配是断然不能上下通婚的。所以，早就注定了鸳鸯分离的结局。

每一年，牛郎和织女都会相见于银河上的“天津”桥。“天津[①]”一共九颗星，第四颗叫做“天津四”，是九颗之中最亮的。“津”，是渡口的本意。河边的渡口就像桥梁一样的地方，起到嫁接的作用，而最亮的“天津四”就是这座桥梁的顶点位置。所以，在七月初七的夜晚，“牛郎星”（牛郎二，二等星）和“织女星”（织女一，一等星）相会在“天津星”（天津四，二等星），三颗最亮的星辰之间的连接线形成一个三角形，便叫做“夏季大三角”[②]。只要在黄昏以后，太阳光隐没之后，周围光线暗淡的情况下，我们抬头仰望，一定能看见这个横贯南北的一个三角形。

关于牛郎织女星的记载有很多，可以看出来这两颗星在天上的重要地位。《史记·天官书》[③]云：“织女者，天帝孙也。”织女是天帝的后代，天帝的名称有很多，可以叫做“释提桓因”或者“帝释”，居于北辰位（北天球中心点，北斗七星和二十八星宿都围绕着它转动）。为什么织女是天帝的孙女呢？那就要看她的工作了。织女织出来的是“云锦”，也就是云彩。“织”，便是拿梭子

---

① 天上星宿中的“箕四星”，为天帝后宫妃后之府。

② 夏季的东南方高空里三颗星所组成的三角形，织女星、天津四及牛郎星。

③ 汉代的司马迁编写的中国历史上第一部纪传体通史，记载了从黄帝到汉武帝太初年间三千多年的历史。

在织布机上来回穿梭，横线为“纬”[①]竖线为“经”[②]，经在轴，纬在杼，经纬交错，就能织出各式各样的花纹图案。布上有经纬，天地更是有经纬，“经”者常也，贯穿始终，固定不变，像“经典”的道理就可以超越时空；而“纬”是在经线的基础上不断发生变化的，纬线的长度不一。所以，天地的织造者，就是宇宙的管理者、规律的执行者。在这个空间里，她掌握着规律的不变性，也控制着事物的可变性。对于织女而言，天地就是一匹巨大的云锦，想织出什么样的图案，完全在她的掌控之中。

天上二十八星宿的分界线、太阳的运行轨迹“黄道”[③]、月亮的运行轨迹“白道”[④]，都属于是天上的“经”。它们不断地旋转，使人在地球能看到了天上斗转星移的万千变化。“织女”身份的含义就可以用“管理”“执行”两个词来概括：她不仅协助天帝管理天条法规，还参与世界的建制，天上天下都是她心中的一幅蓝图画稿。这就不单只是我们原来认为的“纺织”和“刺绣”的概念了。

---

① 《说文》：织，横丝也。从糸韦声。纬，织布时用梭穿织的横纱，编织物的横线，与“经”相对。大戴礼曰：南北曰经。东西曰纬。

② 《说文》：织也。从糸巠声。织之从丝谓之经。必先有经而后有纬。织布时用梭穿织的竖纱，编织物的纵线，与“纬”相对。

③ 地球绕太阳公转的轨道平面与天球相交的大圆。

④ 月亮绕地球公转的轨道平面。月球的公转平面和地球的公转平面不重合，有一个大约5度9分的夹角。

“跂彼织女，终日七襄。”当我们回到前文的那首诗再来看，织女手中的这把“梭子”，往往是和时间联系在一起的。天地所谓的“经纬”，就是“时间”和“空间”的交叉点。所以，“终日七襄”其实是织女在定制天上历法的运行规律。这套规律由织女执行规划，天帝来主事号召。天帝所在的位置，古代叫做“北辰”，现在叫做“北极”。《论语·为政第二》云：“为政以德，譬如北辰，居其所而众星拱之。”帝王当政就应当具备像北辰一样的德行，众臣便能如天上众星一般，听从它的命令有条不紊地为民处事。所谓“天子轮流做，明年到我家”，人间的帝王换得快如车轮，天上的帝王也是轮流由诸神担当的。现在的这位天帝名字佛教里叫“释提桓因陀罗”，是什么因由成为了众星之主呢？其中还有个小故事：

传说在很久以前，树林里钻进来一个骨瘦如柴的人，他快要饿死了，这时遇到了三只小动物：老虎、兔子和猴子，他便恳请动物给自己一点果腹的食物。见状，老虎对人说，你等一等，我这就给你去找些吃的回来！猴子也说，不如这样，我立刻去树上给你摘果子！但是，那个人说，我一点也等不及了，再晚些恐怕我就饿死了。这时，一直没有作声的兔子默默地用地上的树枝点燃了一堆火。它对人说，你不需要等了，我这就跳进去火里烤熟了给你吃！说完，纵身向火焰中跳去。忽然，这个将死之人的身躯变得非常高大，一下子还原成梵天的面貌。他对这只小兔子说道，你愿意舍弃自己的生命也要救我，发无量功德之心；由于这个因缘，此生你死去以后，下一世将任忉利三十三天之主，名字“释提桓因”，统领忉利天下一切众生！

印度把世界从无色界以下分成了“二十四天”（欲界六天、色界十八天）。忉利天是欲界中的第二层天，又叫“帝释天”，在须弥山的山顶，此界天主即是我们常说的“天帝”。忉利天再下分成了东西南北四大部分，每一个地方又再细分成了八个区域，再加上中间的天帝的居所，一共就是三十三个地方。所以，“三十三天”并不是说有此天在三十三层高的地方，是忉利天分为了三十三部分。忉利天主的职责，不仅管理此界天上的神明，还同时统领隶属于此天下的大地部分。

但真正的北极星，处在一点固定不变，实际上并不存在。我们把天球中的星都叫做“恒星”，取“恒定不动”的意思。然而，“不动”也是相对的，它们依然在进行着人类目力无法测度的微小变化。因为星空和地面的距离太远，这些微小的变化，对星星自身来讲其实都是巨大的运动。所以，北极星只是一个假想的点，就是这个地方的空位，目前处在极点的星星叫做“勾陈一”。在一万四千年后，勾陈退位，织女星将成为这里的主人，担任天上的帝王。

未来际，织女就是天帝的继承人和天界的管理者，这可是位英姿飒爽的女帝王。因为织女发挥的作用代替了天，她参与世界建制的创造，又替天帝进行管理，这就是她“穿梭”的意义、功绩所在。

我们不能再简单认为织女只是一名普通织造的天官了，她在道家还有很多的名字。在中国历史和人类的发展史上，天地人三界，她以不同的人名出现在不同的时期，扮演过诸多重要的角色。她曾帮助过三皇五帝，成为他们的老师。例如在黄帝战蚩尤一役，她就是帮助黄帝造出指南车的“九天玄女”。“玄”者，两思相盘也；“丝”者，“兹”也，滋生之意，两股丝交叉盘旋，就是DNA双股螺旋的形状。乐器中的“瑟”①，它的弦便是由八十一根丝分成三组的形式编制而成的。

《吕氏春秋》里面记载，春三月，帝王会带着文武百官迎春神于东郊八里以外，在“迎春”“推帝籍田”等仪式结束后，帝王便犒赏满朝文武，赐以“劳酒”。花开两朵，各表一枝，这一天，由皇后将带领着所有的后宫佳丽在宫中采桑养蚕，抽丝造布。最早织造的祖先是黄帝的正妃——嫘祖②，她是中国历史上养蚕第一人。蚕乃是“天虫”，“桑”者“丧”也，将死后的蚕茧泡在水里方能抽丝，用一季的生命换来了一冬的温暖。

---

① 汉族拨弦乐器。形状似琴，有25根弦，弦的粗细不同。每弦瑟有一柱。按五声音阶定弦。最早的瑟有五十弦，故又称“五十弦”。

② 《通鉴外记》曰：西陵氏之女嫘祖，为黄帝元妃，治丝茧以供衣服，后世祀为先蚕。螺祖发明了养蚕，始蚕制衣。

春三月时，天下所有的女子都会兴织造之功，它的含义不仅是为了做衣服抵御风寒这么简单。嫘祖用抽取的蚕丝，按经纬织成了布。黄帝轩辕氏以布裁出衣裳——这是非常伟大的创举。制衣裳乃是一件法象天地的大事，古代人以上身为“衣”①，下身为“裳”②，所以上身象天，下身法地。把衣裳穿在人的身上，就是将天地阴阳聚于人一身，三才皆备。“衣”是短的上衣，“裳”就是长裙子，古代男女都穿着长裙。皇后嫘祖带着后妃到田间采桑、养蚕、抽丝，让天下女子一起来效法。嫘祖一人把《诗经·关雎》③中赞扬的“后妃之德”做到了极致，这样的行为就是《诗经》“风雅颂”④中的“风”。她把采桑养蚕化为了“风俗”，带给百姓良善的“风气”，使万民得到了转化。于是，全天下的女子无论老少，都在春日制衣裳。家人穿上新衣，无形中就与天地的规律相合了。

嫘祖为后世的女性做出了很好的表率。“相夫教子”就是女子的天职。何谓“相夫”？为自己的丈夫制衣，让他穿上你做的衣裳便足够了。不需要出门劳作，也不需什么雄才大略。再大的才干对于女子而言，都不算是什么本事。只要把本分事和天职做

---

① 《说文》：依也。人所倚以蔽体者也。上曰衣，下曰裳。

② 《说文》下裙也。遮蔽下体的衣裙。

③ 先秦时代汉族民歌，关雎乃《诗经》首篇。

④ 《诗经》是我国第一部诗歌总集，内容上分为风、雅、颂三个部分。风，采风于古代十五国的民歌；雅，周朝贵族举行各种典礼或宴会时演唱的乐歌；颂，周代祭祀时用的舞曲。

好了，效法大地包容万物的本事，就是女子最了不起的德相。

男子属阳，女人属阴。男子是参与生命的创造，但不是唯一的创造者。所谓“孤阴不生，独阳不长”[①]，只有阴阳相交才可能产生万事万物。这个过程中，阳起到决定的作用，而阴则为生命的成就做出努力。常言道“女子无才便是德”，并不是说女子目不识丁、没有学问就是好的，而是要把安顿家庭、教育子女放在生活的首位，把这些都做好了，再来讲学问也不迟。男子要以满腹的经纶来彰显自己的德行；女子可以无惊世之才，却不能无地母之德，因为，德行是才华的基础。古代女子招亲有抛绣球或比武等的方法，符合眼缘且英俊强壮之人，闺中小姐看中就抛。因为一个人的气质外貌就是生命能量的体现。只要门户相当，男才女貌，便是一桩淑女配君子的好婚约，家门便能保得子孙的兴旺。

所以，女子最大的德相是生，就是坤卦所说的“厚德载物”。“厚”形容的是“土”，有间且能持。“有间”，有足够的空间来容纳种子，女子的子宫就是一个留给生命的空间；“能持”，能够为生命的成长提供充足的能量养分，就是女子哺育、养育、教育子女的过程。当一个生命从腹中诞生的时候，就必须为其一辈子的

---

① 阴和阳之间，并不是孤立和静止不变的，而是存在着相对，依存、消长、转化的关系。

教育负责。男女有别，一个家庭就是母亲完整的世界，她创造了人，而世界又是由人创造出来的，所以，母亲等于创造了世界。但是男子不能独立创造人，他只能去创造世界。因此，阴比阳在这点上要重要得多。女子的生养之德绝非是生一个孩子这么简单，在教育的过程中还需要足够的智慧和远见。母亲把孩子培养成了善人，他就会对世界产生良善的影响；培养成贤人，就创造了一个贤的世界；培养成圣人，就创造了一个圣的世界。

织女就为我们的榜样，她虽是天帝之孙，但依旧以女性最基本的织造为本业，把世界的规律从手中织出来，就是她德行圆满的体现。"天球"就如同是她的孩子一样，从诞生到成长，所走的每一步、每一条轨迹都出自她细密的思考。并且，她还要对人天负责，"终日七襄"，在天际的两头来回守候，绝不允许一丁点儿错误的发生。这难道不是一位母亲的心情吗？

三、鼓荡精神

织女讲完了，让我们再来看看牛郎。"牛郎"，古人或者又把他叫做"河鼓"，即是银河边的鼓。"河鼓"和"牛郎"有什么关系呢？在二十八星宿中，就数"斗""牛""女"三组星宿最重要。因为研究周天星象有两套系统，第一套来自西方，叫做"十二宫"（宫等于宿的概念，区域之意）也就是我们熟悉的"十二星座"、

"十二神"，那么"牛""女"对应的就是摩羯座；第二套来自东方，在天上对应中国古代星区的划分，名为"十二星次"，即是星辰排列组合的次序。"斗牛"两宿就是"十二星次"之一的"星纪"。那其余的星次叫什么名字，又是如何划分的呢？

十二星次[①]与二十八星宿不同，它是按360°的圆周来等分的。从玄武七宿开始，"斗牛"为"星纪"，对应十二辰之"丑"；"女虚危"为"玄枵"（音萧），对应"子"；"室壁"为"娵訾"（音居紫），对应"亥"。白虎七宿："奎娄"为"降娄"，对应"戌"；"胃昴毕"为"大梁"，对应"酉"；"觜参"为"实沉"，对应"申"。朱雀七宿："井鬼"为"鹑（音春）首"，对应"未"；"柳星张"为"鹑火"，对应"午"；"翼轸"为"鹑尾"，对应"巳"。青龙七宿："角亢"为"寿星"，对应"辰"；"氐房心"为"大火"，对应"卯"；"尾箕"为"析木"，对应"寅"。

星纪，就是"星次纪元"的意思，说明"斗牛"的位置是天上星星开始运动的地方。从"星纪"起，星辰初动，紧跟着的是青龙"尾箕"二宿——"析木"，就是把一块大木头劈开，将中间挖空做成小舟，放在浩瀚的天河里，开始新一轮的航行运动。"牛女"分别在天河的左右两边相守，像两名侍卫寸步不离地保

---

① 古代天文学家对星辰的划分。为了量度日、月、行星的位置和运动，把黄道带分成十二个部分，叫做"十二星次"。

护着“星舟”入水的渡口，所以它的位置非常重要。古人把地上的州、国位置与天上的十二星次相对应，有“星宿分野”一说。那么“牛女”二星的区域就落在了“扬州”的方位。“扬州”是古代九州之一，位于九宫正南面，处在斗建图午的位置，因此扬州就是阳州的意思。《尚书·禹贡》云：“淮海惟扬州，沿于江海，达于淮泗。”扬州的地理位置特殊，处于河海的交界，陆路水路四通八达，也是古今著名的贸易港口之一。

“河鼓”便是俗称的“牛郎星”。最早“鼓”是用牛的皮做成，用来敲打，就会产生震动。“震”是八卦之一，时间上对应春天，由阳气从地底初动而产生的力量。特别是二十四节气之一的“惊蛰”，在农历的二月前后，阵阵春雷一响，就把蛰伏在地底的虫子都惊醒了。“雷”和“电”是同时发生的，“雷”就是“震”，因为阴阳的相互碰击，阳气从地下起，阴气刚好浮在地平线上。当阳气上升逼迫阴气往上走时，两者的撞击力就震动了蛰虫，告诉它们——醒一醒把，春天已经到来了！

“鼓”是八音（刨土革木石金丝竹）之一的“革”。“八音”可以对应“八卦”——《周易·说卦》云：“帝出乎震，齐乎巽，相见乎离，致役乎坤，说言乎兑，战乎乾，劳乎坎，成言乎艮。”震卦为革（鼓）；巽卦为刨（笙）；离卦为丝（琴）；坤卦为石（磬）；兑卦为金（钟）；乾卦为木（柷圄）；坎卦为竹（洞箫）；艮卦为土（埙）。这是八种可以发出声音的乐器材质，它们的属性不一样。

最早伏羲氏画八卦，把包括天地在内的万事万物统统归为八类。当万物以有其各自的类别属性后，每一类事物的存在都会发出属于自己的声音。例如我们的桌子，它在这里存在了，就会不间断地发出声音——只是我们的耳朵听不见而已。就如同紫外线和红外线之间的区域以外的非可视光区事物存在时，我们的肉眼看不见一样。同理，当耳朵能听到的波长只在一个特定区间的时候，那么超越了这个区间以外的事物运动所产生的风，鼓荡出的声音，人类就听不到了，但是它不会因为我们听不见而不存在。因为万事万物都在运动，动便生风，风便有声。圣人在每类事物中取一样东西做成“器”，每个器都可以发出“宫商角徵羽”五种声音。因为不同的材质有不同声音和调式，所以便产生了“十二音律”，再加上舞蹈、诗词就组成了声“乐”。“八音”中每类乐器的声音都是独一无二的，我们的耳力虽然有局限，但通过八种类别的乐器，大概就能感受得到，此类物质的声音到底是什么样子的了。

有了“河鼓”，似乎还缺了一样敲打它的工具。在牛宿的西北面，有一组叫“天桴（音浮）”的星星，就在河鼓星的正下方，由四颗星组成。“天桴[①]”，就是“鼓槌”，用天上的鼓槌去敲打天鼓，这能量一定威震四方。“鼓”作为乐器的一种，最早是用在

① 星名天桴四，属牛宿，星官天桴。

军队里，为两军交战时鼓舞士气、激发斗志的。志者，心之所之也。一个人的志气，就是他的心所能到达最远的地方。志通智，志的能量从人肾脏中来。在春天，少年儿郎多敲一敲鼓，便能提升他的阳气、提起他的志气。我们就是希望孩子们在学习打鼓[①]的过程中，树立凛然正气，培养堂堂君子之风。

人有三宝，精气神——精就藏在肾脏里。人如果受到了极端的惊吓，一害怕就会尿裤子。这是为什么呢？因为，肾脏主管人体“执持”和“收缩”的能量；而五情之中肾主“恐”，当心里恐惧大时，肾脏这种执持的能力一下子就会减弱，导致二便失禁而不能自主。敲鼓，鼓舞的不是肝气，而是去掉我们内心的恐惧，因为鼓舞产生震动的是生命阳性的能量。敲鼓时人会随着鼓点而变得很兴奋，兴奋是生命能量在那一瞬间的外显。所以，鼓可以把我们深藏在肾脏里的生命能量极大地调动起来，阳能多了，恐惧自然就少了。所谓“一鼓作气，再而衰，三而竭。”[②]首次击鼓产生的力量是最大的。战场上的士兵一听到鼓点，就感到兴奋，瞬间便把生死的苦恼置之度外，把家国的安危放在心头，勇猛地向前冲去。

人天相应，在天上，“河鼓”就是牛郎所在的位置，也正好

---

① 《说文》：郭也。春分之音，万物郭皮甲而出，故谓之鼓。

② 引自《曹刿论战》。

是“斗牛女”宿的位置。“星纪”是十二星次的第一个，对应摩羯座。它是所有天上星星运转的开始，众星恰好在天河边出发。于是，“斗牛女”几乎是天河从天平在线升起来的第一批星辰。如果我们用天文望远镜来看，天河灿烂，似乎是由无数星组成的；但实际上并不是星，是天地之间的能量轨迹，也是天河的轨道。星次转动一周，就等于是十二地支从“子”到“复”的过程。万事起于冬至，能量需要积累，在人间也同样遵循着这个道理。具体是怎么表现的呢？能量从一阳来复的时候开始积攒，最初只露出了阳鱼的一小截尾巴。在乾卦便是它的第一爻“潜龙勿用”[①]——能量还太小，不能随便起用，要慢慢等待它的自然积累。所以中国人非常讲究“储蓄”，三年劳作要有一年的储蓄，九年劳作要有三年的储蓄。然后能量才会逐渐地增大——能量增大在天象上的表现，就是星宿的运行慢慢向北辰靠近，但是始终不能进入北辰，只能沿着它的边界划过，这就是天兵天将要走的路线。我们有时会看见中国的老黄历是这样写的：“是日，四大天王巡行。”“是日天地交泰，东方青帝巡行”等等，诸神出巡所走的线路都是“有迹可循”的，均在以北辰为圆心的天赤道里例行活动，不得偏差。

---

① 《易经》乾卦的象辞。☰乾为天　初九（最下爻）：潜龙，勿用。《周易》象曰：潜龙勿用，阳在下也。隐喻事物在发展之初，虽然势头较好，但比较能量弱小，所以应该小心谨慎，不可轻动。

这里还有一则印证牛郎织女相会的小故事："桂阳成武丁有仙道，常在人间。忽谓其弟曰：'七月七日织女当渡河，诸仙悉还宫，吾向已被召，不得停，与尔别矣。'弟问曰：'织女何事当渡河？兄当何还？'答曰：'织女暂诣牵牛，吾去后三十年当耳。'"话说这位人间的活神仙要返回天宫，参加七月初七的鹊桥会。其弟好奇地问起哥哥的归期，谁知在天上呆一日，竟然就是人间的三十年！"七月七日，织女当渡河，诸仙皆还宫。"众神仙本来是居住在各自宫殿里，天上的每个亮点都是一所宫殿——宫殿有大小，神仙的级别有高低，星光越明亮的宫殿等级越高，越暗淡的等级越低。到了这一天，天乐奏响，钟鼓齐鸣，所有的人被命令悉数还宫，可见，牛郎织女的相会在天界可是一件大事情呢。

天兵天将巡行的轨迹，对天而言就是它的经络一样，是阳能经行的通道，每一个天兵天将都是天球生命中的一小分子。而"河鼓"就是指挥全天上兵马的司令，只要鼓一敲，天上的阳能就全被调动起来了。天桴敲河鼓，于是满天的能量就开始在天河的渡口处聚集运行，鼓声敲得越快，星辰就行动得越快；敲了多长的时间，星辰就运行多久，鼓声从响到收，星辰就正好走完循环的一周。

"河鼓"是天上能量生发的起点，同时还主战争。凡是人间有仗事发生，天上的"河鼓二"必定大亮，在其左右，还有"左旗""右旗"两组星，扬起旌旗，战争一触即发。

由此，我们总结得出："牛郎"其一是与大地和耕种有关；其二是与战争和杀伐有关。于是，古代的天官只要观测"河鼓"与左右旗的变化，便可知人间太平与否了。"河鼓二"大亮时，"河鼓一"和"河鼓三"就是它的左右参将，只要比较两颗星谁比平时更亮一些，帝王就明白了应该派左右哪一位将军来应战，依据天象的预示，必定能大获全胜——天上要开战，地上随即起纷争，这是在所难免的，惟愿地上帝王师出仁义，以战止战，就是百姓心中最大的愿望。

四、一期一会（阴阳相会）

当天上的能量运转到七月初七的时候，牛郎和织女就相会在天汉桥上了。一个在河左，一个在河右，一个代表大地，一个代表上天，一个是阴，一个是阳，所谓的"搭鹊桥"就是阴阳能量的相会。天下的乌鹊在这天就帮了大忙，用身体搭成"鹊桥"，跨越河西与河东两岸，使夫妻得以相见。

"鹊桥"，在人体便是我们的"舌头"。五脏之主心开窍在舌，五行为火，对应的八卦中的"离"，天象为日。乌为乾鸟，太阳里的图腾就是一只三足金乌，它有三只脚，就是代表"少阳"、"阳明"、"老阳"三个阳能发展的阶段。"乌鸦"是"乌鹊"的统称，在南方称为"乌"，在北方称为"鹊"，实际上是一类的动物。

在人的身体里，两阴（前阴和后阴）中间的“会阴穴”就相当于天上的“河鼓星”，是人生命中能量的起点。人的背面为阳，腹面为阴，全身最重要的“任脉”和“督脉”同出于“会阴穴”，任脉行走于人的腑面，为阴脉之总汇；督脉行走在人的背面，为阳脉之总汇。阴的能量沿着任脉穿过胸前的膻中穴，阳的能量沿着督脉直通脊柱，穿过头顶的百会穴、面上人中穴，直至上齿正中的龈交穴相会，我们只要舌抵上腭，就能使任脉督脉在上颚处联通，成人体的水火既济之象。

儒家练气功、道家打坐，都是希望用功法打通任督二脉，这便叫做通“小周天”[①]，俗称“搭鹊桥”。鹊桥相通，便是全身能量阴阳和合之象，开启了生命的活水循环。七襄之约，乌鹊作媒。我们凡是谈到“乌”的时候，就和阳有关，唯有用阳能才能搭起这座往来之桥。特别是在七夕的晚上，天上牛郎织女相会的时候，如果我们在入睡时静心凝神地禅坐片刻，在佛教有“七支座法”[②]便是禅坐时的七个要点，“舌抵上腭”为其中之一，那么身体将会获得巨大的能量——因为，这是效法天地的行为。当然，不止

---

① 内气在体内沿任、督二脉循环一周，即内气从下丹田出发，经会阴，过肛门，沿脊椎督脉通尾闾、夹脊和玉枕三关，到头顶泥丸，再由两耳颊分道而下，会至舌尖（或至迎香，走鹊桥）。与任脉接，沿胸腹正中下还丹田。因其范围相对较小，故称小周天。

② 打坐最理想的坐姿，打坐姿势的七个要点要正确，否则会堵塞身体的经络。

是七夕，如果把禅坐变成生活中的一种习惯，我们的生命也将因此获利无穷。

天津者，渡口也。天地的能量走到了这里，需要船只才能过渡，继续前行。所以，天地之间的能量转换，从人间一年来看，有许多重要的时间节点：如“二分”（春分秋分）“二至”（冬至夏至）“四立”（立春立夏立秋立冬）和“二十四节气”等，还包括春节正月初一、上巳三月初三、端午五月初五、七夕七月初七、重阳九月初九，都是天地阴阳相会的关键日子。而神明定制历法，就是在总结此世界日月诸星的运行变化，以及对地球的影响。祂们站在了一个俯视天球的位置上看到了这一切，既然我们生活在天之下，就会受到它的左右，那怎么办呢？诸神心意慈悲，定节日、遗风俗，为了让百姓能够更好地生活——至少，传承节气节日、遵照风俗习惯，就能让我们的个体不偏离于宇宙的大方向，不至于令生命逆天而行，向下堕落。天地的规律，只对天以下的众生产生作用，而对更高一层的维度世界就不能起到任何作用了。织女一手织出的经纬衣裳，和我们人体奇经八脉，就如同绑系在生命中的绳索，虽谓之“大道”，但是何尝不是重重的束缚呢？

所以，历代的帝王圣贤，无不在苦苦寻找一种可以冲破束缚生命枷锁的办法。第一步，就是要先发现这个规律，找到这根把我们五花大绑的“绳结”。如果连绳结都没看见，就永远都没有解结的一日了。可是，我们成为人的那时开始，处处都在此规律里生活，便将一切看做是理所当然、习以为常了。

也许我们会疑惑，“天地阴阳交泰”的日子对应时节，应该在“泰卦”立春和雨水的前后，为何又是将近秋季的“七夕”呢？原来，阴阳相会的时间对于天上天下而言，也是有级别之分的；因为所处的维度不同，所以不能一概定论。七月七日的鹊桥会，是天界盛事，自然无法用人间阴阳五行、天干地支的标准来衡量。

五、界定阴阳

最后，我们还要提及一位重要的人物——王母。故事里的“王母”为“西王母”。在前面很多篇神话里都有讲到，西王母为阴精所化，位属西方，她与东王公（东王公即是“青帝”）一个主死，一个主生。身为为天下群阴的统帅，所有的女官真人都归她来管辖。织女为天界首屈一指的女官，自然也是西王母的部下了。西王母在这个故事里，做了两个举动：

1. 划分天河

为了将牛郎和织女分开，西王母拔下头上的银簪，朝天边划了一道线，霎时间就出现了一条天河，横隔在两人的中间。我们下象棋的时候，棋盘上的对垒双方的分界线就叫做“楚河”和“汉界”，是取了楚汉相争的典故。其实，“汉界”在古代只有一个意思，那就是天汉银河的边界。用这个比喻来告诉大家，“汉界”

是天的规律和底线，逾越了人间的边界尚且会引起战争，那么天规是更加不允许侵犯的。像织女与牛郎的私自通婚，就为天界所不容，还有董永与七仙女、白娘子与许仙等等人神相爱的故事，最后都遭到了阻挠，没有好的结果。因为，这是两个完全不同的生命维度，门不当户不对，本来就不应该“有情”，为了维护天界的秩序，所以“无情”。

故事里是西王母用簪子划出了天河，但是天河是早就存在了。它等于是阴和阳的分界线——对于天人来说，天界就是阳，人间就是阴。这是天地的分界线，人和天各有法则，身在哪一界，就要按照此界的规矩行事。天地的边界，也是不同维度的生命的边界，顺之则生，逆之则死。也许，某一个瞬间，我们的能量可以冲破边界的束缚，但除非是一名修行人，否则这种生命的体验就不能持久下去。

2. 许一年一度相会之期

牛郎以放牛为业，“牛”为“丑”，五行属土、为阴，他是男子，却代表了大地，此为阴中之阳。织女是女子，却生活在天上，此为阳中之阴。他们就像是太极两仪图里面，阳鱼中的阴眼，阴鱼中的阳眼。阴阳能量一年一交，夫妻二人一年一会，这个模式是由西王母定下来的。人间自古男耕女织的生存习俗，也是效法牛郎织女的格局设造的，希望人类可以效法神明。

结语：

通过对《牛郎织女》重新的解读，把故事真实的原貌还原出来，让大家明白“牛女”二星的真实作用和意义，以及他们在天界中所扮演的重要角色；并要记住三点：1. 我们要认识到，天地人三者是合一的，且在不断影响着彼此的进程。2. 作为一个人，所做的每一件事情都应该以效法天地作为衡量的最终标准。3. 在效法天地的基础上，把自己的“本分家务事”做到最好；最后，通过不断地学习，打破固有的认知，站在更高的位置，看到更远的风光。要知道，那星光摇曳的天河其实不远，终有一日，你我会在河上泛起一叶轻舟，不急不缓，不用桨，不支帆，驶向光明的彼岸。当我们舍弃这件经纬细密的衣裳，任它天鼓作响，任它机杼翻箱，可以大笑三声，问道：与我何干？

跋

夫神明者，肇史自浑溟、游丽出二气、精变于三才。或曰其阴阳莫测，此语凡夫之言。

由无明初动，大块噫气，神明即与道相存、衍化无尽矣。

故十方之史，尽显其源，五教遗本，皆备详文。其神有多有一，亦杂亦体。然均为指掌天地、卫司八荒、上统三界、下化六常之职也。

末后世人，于神明诸类，皆相对面，礼拜稽首，推在圣境，拱之极高，思之弥深，妄获祂力，予福救拔。或宿往因缘，或告祷殷切，偶得降临加被，欣以为道交应感。

然不知神光内转，向自性求，始知天心统具，神性本成，圣由人做，真以洞达，此之谓心神。其启自未初，穷尽来际；发于当下，遍一切处。若识得此心此理，心神合一，则通玄达妙、任运两仪、斗宿环列，鸟兽辅弼也。

得此者，不以俗务入心，忘欲性、隳智慧，抟气一门，聚精会神，以明善复初、返本归源、彻了心性。进而惠利他人，泽及昏蒙，止于乐此，止于六行。再能舍已得而向至道，则天下化境，普皆神明矣。

神明居于天，法则于天，故取天干之数建立十章；每章五节取五行之数，乃天地创生万物之意；全书五十节取大衍之数，合于自然变化所用；加之卷首、目录、序、跋为五十四篇，六九互交，阴阳皆备。

古人曰：法于阴阳、合于术数。为中国传统文化之学习法，此本齐备矣。

书与诸君共参修。